अश्वारोही

अश्वारोही

स्वदेश दीपक

वाणी प्रकाशन

प्रकाशन के उत्कृष्टतम 61 वर्ष

vaniprakashan.com

सजिल्द पहला संस्करण : 2024

वाणी प्रकाशन

4695, 21-ए, दरियागंज, नयी दिल्ली-110 002

फ़ोन : +91 11 23273167, 23275710

शाखाएँ

अशोक राजपथ, पटना-800 004, बिहार

कॉफ़ी हाउस कैम्पस, महात्मा गांधी मार्ग, प्रयागराज-211 001, उत्तर प्रदेश

महात्मा गांधी अन्तरराष्ट्रीय हिन्दी विश्वविद्यालय, वर्धा-442 001, महाराष्ट्र

36/ए, शेक्सपियर सरणी, रानी बिरला गर्ल्स कॉलेज के पास, कोलकाता-700 017, प. बंगाल

sales@vaniprakashan.in
vaniprakashan@gmail.com

Ashwarohi
by Swadesh Deepak

ISBN : 978-93-5775-860-4

Collection of Stories

मूल्य : ₹ 300

जी.एस. ऑफ़सेट, दिल्ली-110 095 में मुद्रित

वाणी प्रकाशन का लोगो मक़बूल फ़िदा हुसेन की कूची से

अनुक्रम

अश्वारोही

जार्जेट के पीले पत्ते–सी यह दोपहर नवंबर की।

हाँ, सबसे पहले याद आती है, तो वहाँ की धूप। किसी अभिजात वर्ग की महिला की–सी, धीरे–धीरे आती थी, चुपचाप सिमटी बैठी रहती थी और उसे वापस जाने की सदा बहुत जल्दी रहती थी। हम सब अपने कमरे में बैठे बड़ी आतुरता से उसकी प्रतीक्षा करते थे। उसके आने की आहटें जब छोटे–छोटे आकारों में लॉन में बिछ जाती थीं, तो उसकी अगवानी करने के लिए भागते हुए बाहर आते थे, लेकिन सुकान्त सबसे बाद में आया करता था।

मैं राधा के साथ छुट्टियाँ बिताने उनके यहाँ आयी थी। हम दोनों ने साथ ही एम.एस–सी. की है। उसका मकान बहुत दूर से दिखायी देना आरम्भ हो गया था।

मकान के बरामदे में पाँव रखते ही मैं आश्चर्यचकित ठहर गयी। मुझे भय लग रहा है। नये स्थान पर आने से जो उत्सुकता मन में उठती है, उसका कहीं नामोनिशान तक नहीं। इस मकान से इतने निकट का साहचर्य क्यों लग रहा है, जैसे एक लम्बी अवधि के बाद मैं 'अपने घर' लौट आयी हूँ।

लॉन में छोटी–छोटी कटी हुई घास का हरा कार्पेट बिछा है। छोटे–छोटे पौधों पर फूल बड़े गर्व से सिर ताने झूम रहे हैं और उनके पीछे यूक्लिप्ट्स के पेड़ों की पंक्तियाँ अंगरक्षकों की तरह बड़ी गम्भीरता से तनी खड़ी हैं। ये सब भी परिचित हैं।

हम सब चाय पी रहे हैं। राधा की माँ बहुत सुन्दर है। पीले रंग की साड़ी, गले में तराशे हुए काले पत्थरों की माला, बिल्कुल बीच में से काढ़े हुए बाल, किसी बौद्ध भिक्षुणी की तरह वात्सल्य से भरा चेहरा। मन चाहा, उनकी गोद में सिर रखकर ख़ूब ज़ोरो से रो दूँ।

और तब उन्होंने बताया कि सुकान्त आ गया है। उन्होंने बड़ी दबी आवाज़ में यह सूचना दी। मुझे लगा, कमरे में बड़े अदृश्य ढ़ग से कुछ घटना हो गयी है। राधा को देखा, उसका चेहरा भावविहीन हो गया है। माँ ने आगे बताया कि वह कुछ दिन पहले ही वापस आया है।

राधा ने अपने परिवार के सब सदस्यों की जानकारी तो मुझे पहले ही दे रखी है, पर यह सुकान्त कौन है, इस विषय में तो कभी कुछ नहीं बताया। इस पहाड़ी स्थान पर उन लोगों का सबसे बड़ा होटल है–सौ कमरोंवाला। उसके पिता तथा बड़े भाई सारा कामकाज देखते हैं। राधा ने बता रखा है कि वे बहुत रात गये घर लौटते हैं। दूसरे दिन कहीं दोपहर को ही वे अपने कमरों से बाहर निकलते हैं। बड़े भाई सेना में मेजर थे। भारत–चीन युद्ध में उनकी एक टाँग बेक़ार हो गयी, अतः समय से पूर्व ही सेना से निवृत्त हो गये हैं। पिता पहले छोटे ठेकेदार थे, द्वितीय महायुद्ध के दिनों व्यापार ख़ूब बढ़ा और जब देश स्वतन्त्र हुआ, तो आधे–पौने मूल्य में एक अंग्रेज़ से यह होटल ख़रीद लिया। बहुत–बहुत कमाई की। आरम्भ के दिनों में तो कुछ समय के लिए यह स्थान इस प्रदेश की राजधानी रहा, अतः प्रायः सारे कमरे सरकारी किराये पर चढ़े रहते थे।

हम तीनों ने एक साथ ही ऊपर देखा, एक बहुत लम्बा साया मेज़ पर पड़ रहा है। फिर राधा एकदम–से उठी और उससे लिपट गयी। राधा के सब प्रश्नों के उत्तर में, कितने दिनों के बाद मिले हो, आँख मारकर यह सूचना दी कि बहुत सुन्दर हो गये हो आदि। वह मात्र मुसकराता ही रहा। फिर उससे मेरा परिचय कराया गया, वह कुछ न बोला। अपनी माँ के पास ही सोफ़े पर बैठ गया। माँ ने उसका हाथ अपने दोनों हाथों में ले लिया। दोनों कोई बात किये बिना भी वैसे मुसकराये जा रहे हैं। बौद्ध भिक्षुणी–सी दिखने वाली माँ की आँखों में शताब्दियों का प्यार, बाढ़ आयी नदी की तरह उमड़ आया है, सब विचित्र लगा। वे मौन बैठे हैं, फिर भी यह आभास बड़े बल से हो रहा है कि लगातार आपस में बातें कर रहे हैं। उनके बीच कोई अदृश्य यन्त्र रखा है, जिसके माध्यम से वे एक–दूसरे को सब कुछ बता रहे हैं। माँ के छोटे–से कान के पास से एक–दो बाल बाहर लटक आये हैं। उसने बड़ी संगीतमय गति से हाथ उठाकर वे बाल पीछे कर दिये हैं। राधा ने कितनी देर हुई चाय का प्याला बनाकर उसके सामने रखा है। माँ ने उसे पीने को कहा, तो उसने उठा लिया।

यह बिल्कुल अजीब बात है कि उसने आधी बाँहों की क़मीज़ पहन रखी है, चाहे गले पर ख़ूब कसकर मफ़लर लपेट रखा है। इस नवंबर के महीने की सर्दी में स्वेटर और बड़ा कोट पहने होने पर भी मुझे ठण्ड लग रही है। उसका रंग एकदम गोरा है। अपनी माँ पर गया है। राधा तो साँवली है। सुकान्त का चेहरा लम्बा है। बालों को ख़ूब कसकर कंघी की हुई है–वे सिर पर इस प्रकार लेटे हैं, जैसे बाल न होकर कोई कपड़ा हो। उसकी आँखें सदा नीचे देखती रहती हैं। सबसे अधिक चौंका देने वाली अनुभूति यह हुई कि वह वहाँ है ही नहीं, किसी और स्थान पर बैठा है। यह बात सोचकर मैं उदास हो गयी।

मेरे पिता साहित्य के प्रोफ़ेसर हैं। जब वह शेक्सपियर अथवा इलियट की एक–एक पंक्ति पर घण्टों सिर धुनते रहते हैं, तो मुझे बड़ी हँसी आती है। इससे तो मेरा विज्ञान अच्छा है–एकदम तथ्य, किसी प्रकार का द्वन्द्व अथवा द्विधा नहीं। मेरे पास उनकी बातें सुनने, लेखकों, कवियों को पढ़ने का कभी समय ही नहीं रहा। एम.एस–सी. की है, अमेरिकी सरकार की स्कॉलरशिप मिल गयी है। कुछ महीनों में वहाँ चली जाऊँगी। विज्ञान में डॉक्टरेट करूँगी–बिल्कुल निश्चित लक्ष्य और सीधा रास्ता।

माँ ने उठकर बिजली जला दी है। सुकान्त की आँखें ऊपर उठीं और दरवाज़े पर लगे एक चित्र पर थम गयीं। मैंने उसकी निगाहों का असुरसण किया। इतनी दूर से स्पष्ट कुछ भी दिखायी नहीं दे रहा है। गहरे–मटमैले लाल रंग में लिपटी–लिपटायी दो आकृतियाँ हैं–एक दूर है, अस्पष्ट है, दूसरी अभी सामने ही है। लगता है, पहली आकृति की तरह यह भी अभी–अभी चलकर चित्र में से अन्तर्धान हो जायेगी। मैं उठकर वहाँ चली गयी।

चित्र काफ़ी ऊँचाई पर लगा है। शीर्षक अथवा चित्रकार का नाम भी पढ़ा नहीं जा रहा है। कन्धे के पास से आवाज़ आयी– "सबावाला का चित्र अश्वारोही है।"

न तो मुझे अश्वारोही शब्द का अर्थ समझ में आया है और न ही सबावाला नाम मेरे लिए कोई मतलब रखता है। मेरे चेहरे पर आये नासमझी के भाव उसने देख लिये हैं, अतः फिर बताया कि चित्र का शीर्षक है–'द राइडर्स'। उस दिन हिन्दी का ज्ञान न होने पर मुझे पहली बार शर्म आयी। सीखती भी कैसे? पहले सीनियर कैम्ब्रिज की, फिर

विज्ञान की पढ़ाई में इतने वर्ष लगे। जब मैं वहाँ से पीछे हटी, तो उसने कहा–"मुझे पक्का निश्चय है, मुझसे नहीं, किसी से भी नहीं, उस किसी से, जो वहाँ उस समय उस कमरे में उपस्थित नहीं है, एक दिन दूसरा अश्वारोही भी इस चित्र में से चलकर बाहर निकल जायेगा।"

और मुझे उसी सुकान्त से प्यार हो गया। इसमें शर्म आने की क्या बात है? जो सत्य है, उसको मेरा मन–मस्तिष्क सदा मानता रहा है। अपने को अब भी दोष नहीं देती। डेस्टिनी, हाँ डेस्टिनी ही मुझे घर से दूर यहाँ छुट्टियाँ बिताने के लिए ले आयी है। वह भी तो पहले यहाँ नहीं था। वही अदृश्य विधि उसे भी कुछ दिन पहले यहाँ वापस ले आयी है। इस सबका निर्णय तो शताब्दियों पूर्व हो चुका है कि मैं सुनीता एक दिन यहाँ आऊँगी और उस व्यक्ति से, जिसको जानना तो दूर, जिसके बारे में अभी कुछ सुना ही नहीं, जिसका नाम सुकान्त है, प्रेम करने लगूँगी। कोई सीमा और स्थिति प्रकृति में अब भी है, जो विज्ञान से परे है, कार्य–कारण सम्बन्ध से मुक्त है, तर्कातीत है। इस मिस्टर से मुझे प्यार हो गया है और भय भी लग रहा है।

हम सब उठे। राधा मेरा कमरा दिखाने के लिए साथ हो ली। वह भी हमारे पीछे–पीछे आ रहा था। उसके चलने से आहट तक न होती थी, जैसे कोई सीक्रेट सर्विस एजेंट रहा हो। कमरे में आते ही एक और बात का पता चला–उसकी खिड़कियाँ बाहर की ओर खुलती थीं। सुकान्त ने एक–एक करके तीनों को खोल दिया। मैं खुली खिड़की के पास आकर खड़ी हो गयी। नीचे देखते ही मन्त्रमुग्ध रह गयी। नीचे घाटी थी। उसका आरम्भ का भाग पीला दिखा, फिर जहाँ से धूप पड़नी कम हो गयी है, उसका रंग श्यामल था और नीचे पहुँचते–पहुँचते वह एकदम काली–स्याह हो गयी थी। नीचे जाने और कितनी गहरी होगी? वहाँ पर ठहरे हुए जो सबसे पहले विचार मेरे मन में आया, वह यह था कि नीचे छलाँग लगा दी जाये–देखूँ, भला इसका तल कहाँ है? फिर मैं बहुत डर गयी। लगा, उस अदृश्य यन्त्र द्वारा सुकान्त ने मेरे मन की बात सुन ली। उसने वह दरवाज़े जित्ती खिड़की बन्द कर दी।

शाम को हम सबको उनके होटल में ही खाना खाना था। मैंने राधा से शिकायत अवश्य की कि जब उसने मुझे परिवार के अन्य सब सदस्यों के बारे में बताया था, तो सुकान्त के बारे में रहस्य क्यों रखा? उसने कहा,

क्योंकि वह यहाँ नहीं था, अतः उसके बारे में कुछ बताना आवश्यक न समझा। यह उत्तर मुझे बेतुका लगा, पर बात को आगे बढ़ाने की ज़रूरत मुझे न लगी।

उसकी पैंट वही थी। एक पूरी बाँहोंवाली ऊँचे गले की जर्सी उसने पहन ली थी। उस पीली जर्सी से उसकी त्वचा का रंग इतना मिलता था कि पता चलना कठिन हो राह था कि जर्सी कहाँ समाप्त होती है, और उसका गला कहाँ से आरम्भ होता है? माँ कैसी स्नेहसिक्त आँखों से उसे देख रही है, जैसे वह कोई छोटा–सा बच्चा हो, जिसे हाथ बढ़ाकर गोदी में ले लेने को सभी का मन मचल रहा हो। बैठक में रखी पुस्तकों के नाम मैंने पढ़ लिये थे। यह मैं जानती हूँ कि ये पुस्तकें राधा न पढ़ती होगी। उसका मेरी तरह कला अथवा साहित्य से दूर का भी सम्बन्ध नहीं। तो ये सब माँ की होगी। शरत् तथा रवीन्द्र की पुस्तकों के पूरे सेट सजे रखे थे। यह शायद शरत् का ही प्रभाव है कि उस लड़कियों–से दिखने वाले लड़के का इतना कोमल नाम–सुकान्त–उन्होंने रखा।

होटल सचमुच बहुत बड़ा है। डाइनिंग हॉल को देखकर यह आभास हुआ, जैसे कोई ऑपेरा हाउस हो। पिता ने कैसे सहज भाव से राधा को गोद में उठा लिया है। मुझे देखते ही मेरा माथा चूम लिया। उनकी बड़ी–बड़ी मूँछों का स्पर्श कितना नटखट है। वह कितना ऊँचे बोलते हैं। ये पंजाबी लोग सारी बातें कितने ज़ोरदार तरीक़े से कहते हैं। बड़े भाई ने भी आगे बढ़कर हमारा स्वागत किया। बनावटी टाँग के कारण कुछ लँगड़ाकर चलते हैं, परन्तु फिर भी सैनिक अधिकारियों की तरह उनमें चुस्ती–दुरुस्ती अभी तक है और उनका लहजा बहुत अधिकारपूर्ण है। राधा से बड़े निश्चल–भाव से पूछा कि उसका कहीं कोई अफ़ेयर चला है या अभी वैसी ही है–अपने विषय की तरह–ड्राई और बोर।

जैसे अँधेरे में माचिस की तीली जले और सब कुछ उजला जाये, वैसे ही मेरे मन में यह बात कौंध गयी कि सुकान्त का स्वागत करना तो दूर, किसी ने उसकी ओर देखा तक नहीं। कहीं कोई दुराव है–टेंशन है। मात्र माँ और उसके बीच कोई पक्की सन्धि है। माँ थोड़ी–थोड़ी देर बाद उसकी बाँह को उँगली से छू देती है और उस पीली जर्सी से पीले चेहरे पर बड़ी मीठी मुसकराहट फैल जाती है।

बार के पास बहुत ऊँचे स्टूल रखे हैं। सुकान्त ने दो डग भरे, वहाँ पहुँच गया, स्टूल को थोड़ा टेढ़ा किया और उस पर बैठ गया। यह सब कुछ इतने मशीनी ढंग से हुआ कि मैं समझ गयी, वह इसका अभ्यस्त है। पिता के चेहरे पर पल–भर के लिए खिंचाव आया, माँ ने देखा, वह मूक–सी प्रार्थना करती लगी और उनका चेहरा पहले की तरह स्वस्थ हो गया।

बार के सामने लगे बहुत बड़े दर्पण में वह पूरा–का–पूरा दिखायी दे रहा है। वह बार–बार यान्त्रिक ढंग से माथे पर पीछे की ओर हाथ फेरता है, जैसे बालों की किसी लट को पीछे कर रहा हो, हालाँकि उसके माथे पर एक बाल भी न आया हुआ था।

खाने की मेज़ के चारों ओर बैठे हम सब बातचीत जारी रखने की चेष्टा कर रहे हैं। नाटक के उन पात्रों की तरह इसमें असफल हो रहे हैं, जो अपनी भूमिका और संवाद, दोनों भूल गये हों। फिर वेटर ने हम सबके आगे प्लेटें लगानी आरम्भ कर दीं। मैंने सोचा था, उसकी प्रतीक्षा की जायेगी, उसे बुलाया जायेगा, पर नहीं, मुझसे पूछे बिना न रहा गया तो माँ ने बताया, वह फिर खा लेगा। मुझे क्रोध आ गया। इन सबका व्यवहार उसके प्रति इतना शत्रुतापूर्ण क्यों है? मैं उठी और एकदम से उसके पास पहुँच गयी। उसने मुझे जाते हुए दर्पण में अवश्य देख लिया होगा, पर इसका ज़रा भी आभास मुझे न दिया। मैंने माँ की तरह उसकी बाँह छू दी। जब वह मुड़ा और पूरी आँखें खोलकर मेरी ओर देखा, तो मेरा तो जैसे लहू जम गया। उसका चेहरा बिल्कुल मृत था पर आँखें चमक रही थीं–बहुत ज़ोर से। धीरे–धीरे उसका चेहरा सहज हो गया–समाधि टूटने के बाद, शरीर शायद किसी बहुत लम्बी यात्रा से लौट आया है। उसके चेहरे पर वही पीली–उदास मुसकान लौट आयी है। जब मैंने उसे बताया कि हम खाने के लिए उसकी प्रतीक्षा कर रहे हैं, तो बिना किसी हील–हुज्जत के वह खाने की मेज़ पर मेरे साथ आ गया। सब लोग इतनी देर से हमें 'वॉच' कर रहे हैं। उसने बैठते ही माँ की ओर देखा। दोनों में मौनालाप हुआ और फिर सब कुछ ठीक हो गया। तब उसने कहा–

तेज़ थी इतनी कि सारा शहर सूना कर गयी
रात–भर बैठा रहा मैं उस हवा के सामने।

पिता के चेहरे पर यह सुनते ही फिर से क्रोध के भाव आ गये। फिर इस शत्रुतापूर्ण व्यवहार के सारे कारण समझ में आ गये। यह कामकाजी आदमी हैं, सुकान्त के शराब पीने और कविताएँ पढ़ने की आदत के कारण उससे नाराज़ रहते हैं। फिर शायद राधा ने भी मेरे पूछने पर आज शाम ही तो बताया था कि वह कोई काम नहीं करता। सारा दिन या तो कविता–पुस्तकें पढ़ता रहता है अथवा झील पर जाकर शिकार करता रहता है।

जब हम उठे, तो रिकॉर्ड प्लेयर पर नूरजहां गा रही थी–

आहें न भरी शिकवे न किये
कुछ भी न ज़बा से काम लिया।

हम लोग अन्दर बैठे हैं। दोपहर होने को आयी है। मैंने तो फिर भी हीटर लगा रखा है। सुकान्त माँ के पास बैठा अंग्रेज़ी की कोई कविता सुना रहा है। मैं सोच रही हूँ, पापा यहाँ होते तो उनका मन ख़ूब लगता। सारा दिन उसके साथ कविताओं में उलझे रह सकते थे। राधा बार–बार बाहर देख रही है। रोशनदान थोड़े–से उजले हो गये हैं। देवदार के बड़े–बड़े वृक्ष मज़े से झूम रहे हैं। उनकी लम्बी टहनियाँ किसी शरारती बालक की तरह हाथ हिलाकर हमें बाहर बुला रही हैं। एक छोटी–सी पीली–सी किरण दरवाज़े के पास बड़े दबे पाँव आयी है और सहमी बैठी है। राधा बाहर जाती है। वापस आकर बताती है कि धूप आ रही है, जैसे वह कोई बड़ी महत्त्वपूर्ण सूचना दे रही हो। लॉन के ठीक सामने पहाड़ की एक चोटी है। उसके पीछे से सूर्य रेंग–रेंगकर ऊपर चढ़ आया है। क्षण–भर में लॉन का रंग बदल गया–साँवले से पीला सुनहला हो गया जैसे किसी मायावी ने अपने थैले से निकालकर धूप वहाँ फैला दी हो। राधा भागकर बाहर चली गयी, मैं और माँ भी पीछे–पीछे हो लीं।

माँ के लम्बे बाल आज खुले हैं। चेहरे का दायाँ भाग लगभग ढका हुआ है। हवा चलने से बाल हिलते हैं, तो भ्रम हो जाता है जैसे कोई काला नाग वहाँ पर सरक रहा हो। बड़ी–सी बिन्दी माथे पर गोल अंगारे–सी दहक रही है। राधा स्वेटर बुन रही है। मैं अगाथा क्रिस्टी का उपन्यास पढ़ रही हूँ। वह दरवाज़े पर दिखा। सोचा 'हमारे पास थमेगा' पर नहीं, चुपचाप पास से निकल गया जैसे हम वहाँ पर हों ही नहीं।

माँ–बेटी के चेहरे पर तो कोई भाव न आया, लेकिन मुझे बुरा लगा। यह भी कोई बात है? शिष्टाचार भी तो कुछ होता है। वह दूर एक कोने में बैठ गया और एक कविता की पुस्तक पढ़ने लगा। मैंने उपन्यास बन्द करके नीचे रख दिया। काले पुलोवर में वह किसी आर्केस्ट्रा का निर्देशक लग रहा है–अभी हाथ उठा दे तो संगीत की एक सिम्फ़नी बह निकले। मैं अनजाने में शायद काफ़ी देर से उसकी ओर देखे जा रही हूँ। मुझे इस प्रकार देखना नहीं चाहिए था। बीच में कितना ही अन्तराल क्यों न हो, किसी अदृश्य ढंग से शरीर का शरीर से, आत्मा का आत्मा से सम्बन्ध स्थापित हो जाता है। यही तो सम्मोहन है। हमारे बीच एक अदृश्य सम्बन्ध स्थापित हो गया है। उसके शरीर ने शायद मेरी बातों को रिसीव करना आरम्भ कर दिया है। उसने सिर उठाकर देखा और फिर हाथ हिलाकर मुझे बुला लिया और मैं उठकर बिना क्षण भर सोचे उसकी ओर चल पड़ी। अब सोचती हूँ तो यही निर्णय करती हूँ कि वह क्षण ही, जब मैंने उसे लगातार देखा था, इस सारी स्थिति का केन्द्रबिन्दु है, जब उसकी आत्मा ने मुझे पुकार लिया था। मैं उसके पास बैठ गयी। उसके हाथ में एक लम्बी–सी पुस्तक है, जिसका नाम मैं न पढ़ पायी। वह इसे खोल लेता है। मैं जानती हूँ, माँ–बेटी अवश्य हमारी ओर देख रही हैं। माँ का मन तो बहुत कड़ा है। क्या मेरे मन की बात अभी तक न समझी होगी? उसने धीमे स्वर में एक कविता पढ़नी आरम्भ कर दी–

जार्जेट के पीले पल्ले–सी यह दोपहर नवंबर की
आलिंगन में घायल फूलों की माला–सी
सोने के हंसों–सी धूप यह नवंबर की
साँझ हुए हंसों–सी दोपहर पाँखें फैला
नीले कोहरे की झीलों में उड़ जायेगी।

और बिना किसी कारण के उसके कन्धे पर सिर रखकर मैं फूट–फूटकर रोने लगी। उसने मेरा चेहरा अपने दोनों हाथों में ले लिया। उन रहस्यपूर्ण एक जोड़ी आँखों ने झट–से मेरे आँसू सोख लिये। उसके हाथों की मज़बूत पकड़ ने मेरे तन–मन को आश्वासन दिया था तो साथ–ही–साथ डरा भी दिया था। यह मुझसे कुछ पूछता क्यों नहीं? मेरी आत्मा की प्रत्येक बात को क्या डिटेक्टिव की तरह पहले से ही समझ लेता है? अब सोचती हूँ कि क्या वह कविता सुनने पर मेरी रुलाई फूटी थी या वातावरण इतना शून्य था कि मैं रो पड़ी। या सुकान्त की

उपस्थिति ही रुला देने के लिए बहुत काफ़ी थी अथवा प्यार हम सबको निर्बल बना देता है। तब मेरा कविता से दूर का भी सम्बन्ध न था। यह भी न जानती थी कि यह कविता किसकी है। अब जान गयी हूँ। अब तक धूप अपने घर जाने के लिए उठ पड़ी है। मैं ओर सुकान्त घर के अन्दर जाने के लिए उठे। जब माँ–बेटी के पास पहुँचे, तो उन दोनों का चेहरा देखकर मैं उलझन में पड़ गयी–जहाँ पहले इन दोनों की आँखों में मेरे प्रति प्यार–आदर का भाव बहता था, वहाँ अब अवहेलना की आग जल रही है। तो अब माँ भी सुकान्त के विरोधियों में सम्मिलित हो गयी हैं। यह किस जन्म का बैर है कि मेरा उसके थोड़ा–सा समीप होना इतना कुछ हो गया? माँ का चेहरा कैसे एक उपेक्षित कोण पर तना हुआ है। और मैं यह देखकर आश्वस्त हो गयी कि इस सबका सुकान्त पर कुछ प्रभाव नहीं पड़ रहा है। वह उसी निर्विकार ढंग से मेरा हाथ पकड़े हुए है। उसने माँ को बताया कि उसने मुझे कविता सुनायी है। उसकी आवाज़ सुनते ही जैसे जादू हो गया। माँ फिर से स्नेहमयी हो गयीं, लेकिन राधा वैसे ही विरोध का भाव धारण किये बैठी रही। कर ले जो उसका जी चाहे। मुझे अच्छी तरह जानती है। क्या इसके न चाहने से मैं सुकान्त से परे हट जाऊँगी?

और फिर सुकान्त का भी तो कुछ पता नहीं चलता। इतने दिनों से यहाँ हूँ, प्रायः साथ रहते हैं, फिर भी निजी प्रकार का कोई प्रश्न आज तक मुझसे नहीं पूछा। यह निर्णय करना भी तो कठिन हो जाता है कि किसी कविता की पंक्ति कोट कर रहा है अथवा अपनी बात कर रहा है? अब जैसे दरवाज़े के अन्दर पाँव रखते हुए उसने कहा, ''अशोक वृक्ष के नीचे एक श्वेत चीता सो रहा है।''

मैं आज तक यह निश्चय नहीं कर पायी कि उसने यह बात मुझसे कही थी, या किसी से भी नहीं, जैसा कि उसका स्वभाव है, और इसी बात ने मुझे मोह लिया है।

कमरे के अन्दर जाते हुए अचानक सबावाला की पेंटिंग पर फिर निगाह पड़ गयी। दूसरा अश्वारोही अब भी उसमें से निकल भागने की चेष्टा कर रहा है।

स्मृति कोई हिंसक जंगली पशु है, जो घात में लगी बैठी रहती है। हमारे थोड़ा–सा भी सचेत न रहने पर अँधेरे में से छलाँग लगाकर आ दबोचती है। फिर जब तक कोई क्षत–विक्षत न हो जाये, कहाँ छोड़ती है?

झील का काला जल चादर–सा बिछा हुआ है। सुकान्त और सुनीता यहाँ बैठे हैं, परिवार के सदस्य थोड़ी दूर पर लेटे विश्राम कर रहे हैं। पक्षियों के समूह–के–समूह किसी अजान प्रदेश की यात्रा पर उड़े जा रहे हैं। बर्फ़ गिरने के दिन समीप जो आते जा रहे हैं। सारे–के–सारे पक्षी झील के दूसरे किनारे की ओर से उड़ान भर रहे हैं और उसकी बन्दूक़ वैसी–की–वैसी पड़ी है। इतनी दूर तक वह मार नहीं कर सकती। कोई पक्षी उसकी पहुँच में आयेगा तो ही उसे मारेगा।

उन दोनों की निगाह एक ही समय आकाश की ओर उठी। एक जलपाँखी अपने समूह से अलग होकर वापस लौट आया है। वह किसी लड़ाकू विमान की तरह सिर उठाये ऊपर की ओर नब्बे के कोण पर उड़ा जा रहा है। सुनीता ने सोचा, यह अपने झुण्ड में सम्मिलित होने के लिए लौटा जा रहा है।

यह भी सुकान्त की बन्दूक़ की रेंज में नहीं आयेगा। कितनी तीव्र गति से अपने शक्तिशाली डैने फैलाये उड़े जा रहा है? अब नहीं आयेगा, नहीं आयेगा।

आयेगा, लौटकर आयेगा। उसने हाथ बन्दूक़ पर रख दिया है। इसे आना है। उसे सुकान्त को थोड़े कुछ करना है? पक्षी की आत्मा पर तो बहुत समय पूर्व ही इस गोली का नंबर लिखा जा चुका है। आखेट को तो अपने आप अहेरी के पास आना है और प्रार्थी बनकर कहना है–मुझे मारो। मेरे प्राण मुक्त करो। देखो, मैं आ गया।

अब उस जलपाँखी ने डैने हिलाने बन्द कर दिये हैं। थोड़ा–सा क़ोण बदलकर उसने नीचे की ओर डाइव कर दिया है। अब उसके पंख शरीर से बिल्कुल सटे हुए हैं–किसी बमवर्षक विमान की तरह जैसे अबाध गति से अपने लक्ष्य की ओर बढ़ा चला जा रहा है। चाहे भी तो डाइव को बीच में तोड़ नहीं सकता।

सुनीता ने इतना ही देखा कि बन्दूक़ उठी, उसके कन्धे तक पहुँची और धाँय की एक आवाज़ हुई। यह सारी प्रक्रिया ठुमरी की तरह बड़े लयबद्ध ढंग से सामने आयी। गोली उसकी लम्बी ग्रीवा पर लगी है। पानी की सतह पर गिरने के पूर्व एक बार फिर उसके पंख खुले। उसकी आत्मा ने अन्तिम क्षणों में भी अहेरी से संघर्ष करने की चेष्टा की। पानी के तल के साथ उड़ता हुआ वह जलपाँखी दूर, बहुत दूर, झील के दूसरे किनारे पर जो लगभग आधा मील परे रहा होगा, जा गिरा।

सुकान्त अब पक्षी को लाने की चेष्टा करेगा, पर वह तो बिल्कुल निश्चल बैठा है।

उस पक्षी की सीटी की तेज़ आवाज़ गोली की आवाज़ के साथ अब भी गूँज रही है। परिवार के दूसरे सदस्य भी अब इधर देख रहे हैं। वे लोग उठ खड़े हुए हैं और इधर ही आ रहे हैं।

उस दिन सुनीता के मन में क्या किसी प्रेत का वास हो गया था? मुस्कान से पूछा–"पक्षी को उठाकर लायेगा नहीं क्या?" सुकान्त ने उसकी ओर देखा, फिर झील के दूसरे किनारे की ओर देखा। यदि वहाँ तक चक्कर काटकर जायेगा, तो कम–से–कम तीन मील की दूरी हो जायेगी। उसने कपड़े उतारे और ठीक उस पक्षी की तरह झील में डाइव कर गया।

क्या सुनीता जानती न थी–दिसम्बर के दिन हैं, झील का काला जल बीच में कई स्थानों पर पाले के कारण जम चुका होगा। सच है। किसी प्रेत ने, जो मन में आ बैठा है, उससे सुकान्त को पक्षी लाने के लिए कहा है। परिवार के सब सदस्य अब भागते हुए उधर जा रहे हैं। माँ सबसे पहले पहुँची है। उनका जूड़ा खुल गया है। वह बड़े ज़ोरों से हाँफ रही हैं। फिर उन्होंने बहुत लम्बा श्वास खींचा और ज़ोर–से बोलीं–"सुकान्त!" पहाड़ों ने जवाब दिया–सुकान्त। स्थिर जल पर, वायुमण्डल में ध्वनियाँ फैलीं–सुकान्त।

उनके गले में इतनी ज़ोर–से बोलने के कारण नीली नसें उभर आयी हैं। इतनी कसी हुई हैं, जैसे 'चटाक' से अभी टूट जायेंगी।

राधा, पापा भी पहुँच गये हैं। अपनी बनावटी टाँग के कारण मेजर साहब सबके बाद में आये। इतनी सर्दी में भी उनके चेहरे पर पसीना चू रहा है। दूर, काले जल में एक हाथ उठा। शायद माँ की आवाज़ की प्रतिध्वनि उसने सुन ली है।

"सुकान्त, लौट आओ!" माँ के गले पर फिर से शंख सरीखे उभार उभर आये हैं पर नहीं, सुकान्त आगे की ओर तैरता जा रहा है।

माँ ने उसकी ओर देखा। बिना पूछे सुनीता ने बता दिया कि उसने ही वह पक्षी उठाकर लाने को कहा है।

"मैं जानती थी, तुम मेरे बेटे की हत्या करके ही चैन लोगी। अब उसे लौटाकर लाओ, लौटाओ।"

उसकी रुलाई फूट आयी है। मेजर, पापा। राधा सब चुप खड़े हैं।

"अरे हत्यारे, खड़े क्या देख रहे हो? भागकर मोटरबोट लेकर उसके पीछे जाओ। मेरे सुकान्त को कुछ हो गया तो...?"

तीनों को जैसे होश आ गया। सब लोग चौकीदार के केबिन की ओर भागे।

यह सब हो–हल्ला देखकर वह बहुत डर गयी है। माँ ने फिर से अपने पर अधिकार कर लिया है। उसने उनका हाथ कसकर पकड़ लिया है। फिर दोनों का शरीर उड़कर जैसे तैरते हुए सुकान्त के शरीर के पास पहुँच गया है। एक उसके दायें तैर रही है, दूसरी बायें। उसके लौट आने के लिए तीन आत्माएँ संघर्ष कर रही हैं।

अब सुकान्त उस किनारे पहुँच गया है। उसने दोनों हाथ हिलाये, जो इतनी दूर से छोटे–छोटे सिग्नल–से लग रहे हैं। उसने पक्षी उठाया। उसके पंखों को अपनी गरदन के पीछे की ओर फैलाकर गाँठ दे दी और इस ओर लौट आने के लिए फिर से झील में छलाँग लगा दी।

नारी का शरीर प्रेरणा केन्द्र है तो पुरुष की आत्मा संग्रहण–उपकरण है। बीच में कितनी ही दूर हो जब नारी–शरीर वायुमण्डल द्व ारा समाचार सन्देश देना आरम्भ करता है तो पुरुष–शरीर उसी क्षण उसे ग्रहण कर लेता है। वहाँ तक आवाज़ नहीं पहुँचती, फिर भी सुकान्त जानता है कि वे दोनों उसे बुला रही हैं, डर गयी हैं। वह और तेज़ी–से तैरने की चेष्टा कर रहा है।

दोनों साँस रोके खड़े हैं। दोनों की आत्माएँ बहुत कड़े संघर्ष में पड़ गयी हैं। शरीर वहाँ से अनुपस्थित है और सुकान्त की सुरक्षा के लिएं उसके साथ हो लिया है।

अब वह दिखायी दे रहा है। फिर उसका आगे बढ़ना थम गया। अब वह एक ही स्थान पर बड़ी तेज़ी–से हाथ चला रहा है, परन्तु आगे बिल्कुल नहीं बढ़ पा रहा है। जाते हुए जिस जलमार्ग से गया था, उसका पानी अभी जमा न होगा। अब किसी ऐसे जलभाग में फँस गया है, जो पाले के कारण बर्फ़ बन गया है। उसके शरीर की छटपटाहट को इतनी दूर खड़ी ये दोनों अनुभव कर रही हैं।

मोटरबोट की गर्जना सुनायी दी। अब तक किनारे पर बहुत–से लोग जमा हो गये हैं। झील के किनारे बने बोटिंग क्लब से फ़ोन करके डॉक्टर को भी बुलाया जा चुका है।

मोटरबोट वहाँ पहुँची, उसे उठाकर बीच में डाला गया और अब वह द्रुत गति से वापस लौट रही है। मेजर साहब ने उसे कन्धे पर उठाया, बनावटी टाँग के होते हुए भी चार लम्बे डगों में स्ट्रेचर तक पहुँच गये।

उसका शरीर बर्फ़ में हुए संघर्ष के कारण स्थान–स्थान से कट गया है। माँ ने उसका ख़ून–भरा हाथ अपने हाथों में ले लिया है। क्षण–भर के लिए उसने आँखें खोलीं, दोनों में उस चिर–परिचित मुसकान का आदान–प्रदान हुआ। डॉक्टर ने कोई टीका लगाया।

राधा उस जलपाँखी के पंखों की गाँठ खोलकर उसके गले से अलग करती है। फिर इसे भी सुकान्त के पास स्ट्रेचर पर लिटा देती है। आखेट और अहेरी कितनी शान्ति से आसपास लेटे हैं।

सुकान्त ख़तरे से बाहर है। यदि थोड़ा समय और बोट वहाँ न पहुँचती, तो जाने क्या हो जाता? रक्त बहुत बह गया है। इसलिए कमज़ोरी तो होगी ही।

उस असमय में जाने मुझे क्या सूझी कि मैंने माँ का हाथ पकड़कर उन्हें बता दिया कि मैं सुकान्त से प्रेम करती हूँ। यह सुनकर वह प्रसन्न न हुई। उस बौद्ध भिक्षुणी–सी दीखने वाले चेहरे पर शताब्दियों का घनीभूत दुःख उभर आया।

आजकल वह कुरते में ही लेटा रहता है। सुनीता को यह रहस्य पता चला कि वह मात्र ऊँचे गलेवाले पुलोवर क्यों पहनता है। उसके गले की दायीं ओर उभरी हुई कण्ठ–हड्डी के पास एक बहुत लम्बा घाव है। शायद किसी जंगली पशु ने यह घाव किया होगा। सुकान्त ठीक हो जाये, तो पूछेगी कि यह कैसे हुआ?

माँ ने दो दिन से अन्न ग्रहण नहीं किया। इस जानलेवा ठण्ड में नंगे पाँव चलती हैं। उनके माथे की बिन्दिया और बड़ी हो गयी है, और अधिक दहक रही है। उनके हाथ में आजकल पुस्तकें नहीं, रुद्राक्ष की माला रहती है।

वह सुबह–शाम रोज़ मन्दिर जाती हैं। तब ही अन्न खायेंगी, जब सुकान्त चारपाई से उठेगा। आज सुनीता भी उनके साथ मन्दिर चल पड़ी है। सुकान्त सोया हुआ है। बाज़ार में एक शिव–मन्दिर है। सोचा, माँ वहाँ जायेगी, परन्तु नहीं। वह एक पगडण्डी से नीचे उतर रही है। आजकल

वह नहीं के बराबर बातचीत करती है। वे दोनों वहाँ पहुँच गयीं। मन्दिर बहुत जीर्ण–शीर्ण स्थिति में है। सामने गन्दे पानी का तालाब है। पीपल के बने पेड़ पर बैठे अनगिनत परिन्दे गरदनें झुकाये प्रार्थनारत हैं। दोनों ने तालाब में पाँव धोये।

दोनों अन्दर गयीं। उसके पाँव दरवाज़े पर ही थम गये। माँ काली का मन्दिर है। ताम्रवर्णी मूर्ति उस आधे अँधेरे में भी चमक रही है। किसी तेज़ सुगन्धवाले पदार्थ का ढेरों धुआँ उड़ रहा है। साँस लेना भी कठिन हो रहा है। सुनीता चाहने पर भी आँखें बन्द नहीं कर पा रही। उस बौद्ध भिक्षुणी–सी सुन्दर, सुकोमल माँ की पूज्या देवी कितनी विकराल है? फिर उसने भी माँ काली से वर माँगा–सुकान्त के चिर संग का।

माँ भी वरदान माँग रही हैं–यह साँवली लड़की, जिसका नाम सुनीता है, किसी यक्षिणी–से भरे–भरे शरीरवाली लड़की यहाँ से अपने–आप चली जाये। माँ काली, यह श्यामली तो अब मुझे अच्छी लगने लगी है। तुम तो सब आपदाओं का सत्यानाश कर देती हो, क्या मेरे सुकान्त को इससे न बचा सकोगी? अब उस दिन की सारी घटना का तुम्हें पता है। इसके कारण ही सुकान्त मरते–मरते बचा। माँ, इस मोह से मुझे बचाओ, सुकान्त को बचाओ। उसके साथ ठहरती है, तो लगता है, जैसे जन्म–जन्मान्तर से उसकी संगिनी है,पर वह तो माया है। सुकान्त की आत्मा में प्रवेश पा गयी तो उसका क्या होगा? माया ने कभी किसी को कोई सुख दिया है क्या? मैं तो इसे पहले दिन देखते ही जान गयी थी कि न तो इसके भाग्य में सुख है और न उसके, जो इसके साथ रहेगा। माँ, तुम तो सर्व दुःखहारा हो, शक्तिमयी हो, इस विपत्ति से बचा लो, नहीं तो मेरा विश्वास टूट जायेगा।

दोनों वापस आती हैं, पीपल के पत्ते और उस पर बैठे पक्षी अँधेरे में गुम हो गये हैं। वह माँ से कुछ पूछना चाह रही है। कल रात शायद पिता बहुत पीकर आये थे। माँ का रोटी न खाना, नंगे पाँव चलना उन्हें पसन्द न था। बहुत ऊँची आवाज़ में उन्होंने कहा था– "अब क्या तुम भी जान दे दोगी? मैं कुछ कहता हूँ, सुकान्त सबको एक–एक करके मार देगा, पर याद रखो, कुछ हो गया तो मैं उसको गोली मार दूँगा। तुम्हारा लड़का ख़ूनी है। इससे तो अच्छा था कि वह वापस ही न आता।"

वह जानती है, पिता नशे में ऐसी बातें कह गये हैं। सुकान्त और हत्यारा? फिर भी उसने माँ से पूछ ही लिया।

"तो तुमने रात को उनकी बातें सुन लीं? हाँ सुनीता बेटी, वह एक प्रकार से ठीक ही कहते हैं। सुकान्त की एक बड़ी बहन थी, मात्र एक वर्ष बड़ी थी। दोनों में बहुत प्यार था। वह भी अपनी इस बेटी को पूजा–प्यार की दृष्टि से देखते थे, क्योंकि उसके जन्म के पश्चात् ही उसका व्यापार एकदम बढ़ा–चढ़ा था। दोनों एक ही कक्षा में साथ–साथ पढ़ते थे। उन दिनों सुकान्त को पिता ने एक नयी मोटर साइकिल ले दी थी। वह दिन जब वह घटना घटी, मुझे अब भी याद है। दोनों बहुत सुन्दर लग रहे थे। जब वह भाई के पीछे बैठी, तो इस दुर्घटना का आभास मुझे पहले ही हो गया, पर मैं करमजली उस समय चुप रही। माँ काली ने रात ही सपने में बरजा था कि उसे सुकान्त के साथ न भेजूँ। उस दिन मौसम बहुत अच्छा था। सड़क पर फ़ौजी ट्रकों का बहुत बड़ा क़ाफ़िला नीचे आ रहा था। फ़ौजी ट्रक एक बँधी गति के साथ सदा एक लाइन में चलते हैं। सुकान्त जन्म से ही सारे काम को बहुत जल्दी करता है। वह तंग पहाड़ी सड़क पर एक–एक गाड़ी को बड़ी तेज़ी से काटकर आगे निकल रहा था और पीछे बैठी बहन और भी तेज़ चलने के लिए उसका उत्साह बढ़ा रही थी। सुकान्त ने एक ट्रक से अपनी मोटर साइकिल आगे बढ़ायी ही थी कि सामने से एक बस आ गयी। वह घबरा गया। उसने गलत साइड की ओर ले जाकर मोटर साइकिल बचाने की कोशिश की। बस छूकर आगे निकल गयी। वह मोटर साइकिल से छिटककर नीचे जा गिरा, परन्तु एक बहुत बड़े सैनिक ट्रक का पहिया बेटी की छाती पर से गुज़र गया। वहीं, उसी पल उसकी मृत्यु हो गयी। जब उसे घर लाये, तो क्षण भर के लिए भी यह सन्देह न होता था कि वह मर चुकी है। चेहरा बिल्कुल न बिगड़ा था। लगता था, अभी–अभी अपनी विशेष मुद्रा से झटककर उठ बैठेगी। उस रात सुकान्त के पिता ने दुःख और नशे में इसे गोली मारने की कोशिश की, परन्तु उनका निशाना चूक गया। तब से वह इसे अपनी बड़ी बेटी का हत्यारा समझते हैं। फिर सुकान्त का यहाँ रहना कठिन हो गया। वह दार्जिलिंग एक पर्वतारोहण संस्था में शिक्षण के लिए चला गया।

कोई चिन्ता नहीं। वह किसकी परवाह करती है। आज ही पापा को पत्र लिखेगी। स्पष्ट बता देगी, वह सुकान्त से विवाह करना चाहती है। आग लगे अमेरिका जाने को। उसने प्रथम श्रेणी में एम.एस–सी. कर रखी है।

खड़े–खड़े किसी भी कॉलेज में नौकरी मिल जायेगी। पापा उसे अच्छी तरह से जानते हैं। कोई विरोध करके देखे तो सही।

सुकान्त ठीक हो गया है। दोनों बहुत लम्बी सैर करने को जाते हैं। घर के अन्य सदस्यों ने अब उसकी स्थिति को स्वीकार कर लिया है। फिर पिता आजकल शायद रोज़ पीकर आते हैं। सुकान्त ठीक से चलने–फिरने लगा है। माँ अब भी नंगे पाँव ही रहती हैं। जाने और कौन सी मुराद माँ काली से माँग रखी है?

पेड़ चुपचाप खड़े उनका आना–जाना देखते रहते हैं। पत्र–पुष्प–विहीन उनका शरीर कितना गरिमापूर्ण लगता है! सुकान्त बहुत लम्बे–लम्बे क़दम उठाता है। उसे एक प्रकार से भागकर उसके साथ चलना पड़ता है। जाने कहाँ पहुँचने की इतनी जल्दी सब समय उसे रहती है। वह पूछती है कि सब कुछ जानते हुए भी वह उस दिन झील में क्यों कूद पड़ा था? फिर उस किनारे पर थम जाता, वापस तैरकर आने की चेष्टा क्यों की? सुकान्त उसे चकित होकर देखता है–''तुम स्वयं मुझे बुला रही थीं और अब तुम्हें कुछ भी याद नहीं? तुम भी तो मेरे साथ–साथ तैर रही थीं।'' हाँ, सुकान्त ठीक कहता है। सचमुच जब वह लौट रहा था तो वह उसके साथ ही तो थी।

आजकल वह थोड़ा–बहुत बोलने लगा है। उसका कम बोलना सुनीता को बिल्कुल अखरता नहीं। इसी स्वभाव ने तो उसका मन मोह लिया है। फिर सुकान्त और वह आपस में बोलें भी तो क्या? इतनी शताब्दियों की जान–पहचान है, कहने–सुनने को बाक़ी रह ही क्या गया है। सुकान्त अपने आप बताता है ''आजकल रोज़ रात को मुझे एक ही सपना बार–बार आता है। मैं एक बहुत तेज़ भाग रहे अश्व पर बैठा हूँ। उसका अंग–प्रत्यंग प्रत्यंचा की तरह कस गया है। मैं उसे रोकने की भरसक कोशिश करता हूँ पर वह है कि अन्धड़–सा भागा ही जा रहा है। और जानती हो, उसका रंग क्या है? सफ़ेद, बिल्कुल सफ़ेद।''

स्मृति घास में दुबके बैठे मटमैले साँप की तरह है। ज़रा–सी चूक हुई कि कैसे छिटककर सिर उठाती है और डस लेती है। यह स्मृतिदंश कितना विषाक्त होता है? तन और मन, दोनों को इसके विरुद्ध चौकस रखना कितना आवश्यक है?

वह फिर से वही पीला पुलोवर पहनने लगा है। आज दोपहर को अकेला ही जाने कहाँ निकल गया। फिर पिछले दो दिनों से उसकी आँखों में इतनी सारी अस्वाभविक–सी दिखने वाली चमक कहाँ से आ गयी है? पहले उसने सोचा, माँ से पूछे, वह कहाँ गया है? फिर विचार बदल दिया। तभी उसके शरीर में ख़तरे के सिग्नल जलने–बुझने आरम्भ हो गये। हो न हो, वह होटल में ही गया होगा। वह बड़ी तेज़–तेज़ चलकर वहाँ पहुँच गयी। उसका विचार ठीक निकला। सुकान्त उस बड़े से हॉल में अकेला बैठा पी रहा है। सारा हॉल ख़ाली पड़ा है। वह सुकान्त के साथ, पास बैठ गयी। आज उसे स्पष्ट लगा कि इस घर में कोई रोमांचपूर्ण नाटक चल रहा है। पिता इतने दिनों से लगातार पी रहे है, देर से घर आते हैं। बेटा कल तक ठीक था, आज दोपहर से ही वह पीने लगा है। ये सब लोग क्या किसी त्रासदी के पात्र हैं? क्या अदृश्य सूत्रधार इनके प्राणों पर अधिकार किये बैठा है, जो बिना कोई कारण बताये इनसे यह सब कुछ करवा रहा है।

उसकी उपस्थिति का पता सुकान्त को इतनी देर बाद चला है। उसके मुँह पर वही पीली–सी मुसकराहट लौट आयी है। वह बताता है–"मैं अकेला तो न बैठा था। मेरे पास अभी–अभी 'कोई' बैठा था, इस पासवाली कुर्सी पर। तुम्हारे आने पर वह 'कोई' उठ गया।"

तो इसे आज ख़ूब नशा हो चुका है। सुनीता सोचती है कि यह सब कुछ देखते हुए भी वह इससे विवाह करने का अपना निश्चय बदल क्यों नहीं देती। पर नहीं। बाहर बर्फ़ गिरनी आरम्भ हो चुकी है। खिड़कियों के शीशे पर किसी पक्षी के सफ़ेद पंखों की तरह बर्फ़ छू–छू जाती है और फिर वायु के स्पर्श के नीचे गिर जाती है। एक–दो व्यक्ति भागकर अन्दर आ गये हैं। उन्होंने उत्तरी ध्रुव के यात्रियों की तरह कपड़े पहन रखे हैं। शरीर का अंग–प्रत्यंग ढक रखा है।

सामनेवाला बड़ा दरवाज़ा खुलता है। यहाँ से गिरती हुई बर्फ़ का कटा हुआ दृश्य दिखायी देता है। फिर वेटर दरवाज़ा बन्द कर देता है, लेकिन खिड़की पर बर्फ़ की दस्तकें लगातार सुनायी दे रही हैं। बर्फ़ जैसे कोई अतिथि हो, जो खिड़की के रास्ते अन्दर आना चाहती हो।

सुकान्त के हाथ मेज़ पर रखे हैं। उसकी लम्बी पीली उँगलियाँ रोशनी की लकीर की तरह वहाँ पर सोयी हुई हैं। शायद किसी ग्राहक ने वेटर को रिकॉर्ड लगाने के लिए कहा। बड़े गुलामअली ख़ां की आवाज़ उभरती है–

का करूँ सजनी आये न बालम...

उसने पहली बार नोट किया कि सुकान्त की नाक थोड़ी–सी टेढ़ी है, इसीलिए इतनी प्यारी लगती है।

सुकान्त कब से युद्ध कर रहा है, परन्तु वह निर्जन का विस्तार है कि बढ़ता ही जा रहा है। पृथ्वी एक छोर से दूसरे छोर तक बर्फ़ के अथाह विस्तार में लीन हो गयी है और वह चलता ही जा रहा है। और तो सब कुछ भूल गया है, यही चलने की क्रिया है, जो मस्तिष्क पर सदा रेंगती रहती है। यहाँ से वहाँ तक, इधर–से–उधर। वह चाह रहा है, यह जो ठुमरी चल रही है, इसके एक–एक शब्द को सम्बल बना ले और इस अपार विस्तार से बाहर निकल आये। उसका निस्तार हो जाये–'आये न बालम...'

सुनीता सोच रही है, इसे साथ ले जायेगी। सजे–सजाये सुकान्त को उसके साथ देखकर उसकी सखियाँ जल न जायेंगी क्या?

सुनीता उसके हाथ को अपने हाथों में पकड़कर दबा रही है। वह फिर उसके पास लौट आया है।

"जब मैं सवेरे उठा तो वे सब मर चुके थे।"

वह अब डर गयी है। जाने उसे कितना नशा हो चुका है। वह पूछती है, कौन सब मर चुके थे? वह उसकी बात का उत्तर नहीं देता, बात आगे बढ़ाता है–"मैं बिल्कुल अक़ेला था। पर नहीं, मैं अक़ेला नहीं था। सदा मेरे साथ कोई चलता रहता था–कभी दायें, कभी बायें, कभी आगे। मैं उससे बातें करता रहता, परन्तु वह कभी मेरी किसी बात का उत्तर न देता।"

वह उसको बाँह से पकड़कर ज़ोर–ज़ोर से हिला रही है। वहाँ बैठे उन दे आदमियों को भी 'कुछ होने' का आभास शायद हो रहा है। "देखो, मत आओ। वह पक्षी आ गया है। लोहे के बड़े–बड़े पंखोंवाला। तुम भी आओ, मेरे साथ चलो।"

और फिर वह उसके कन्धे पर सिर रखकर सो गया। उसके बाल सुनीता के कण्ठ से छू रहे है। कितना सुख मिल रहा है। वह थक गयी

है। जाग जाये तो आतंकपूर्ण बात फिर आरम्भ कर देगा। कल जब होश में आयेगा, तो ख़ूब डाँटेगी।

मेज़ पर सात मोमबत्तियाँ जल रही हैं और रोशनी की सात गोल परछाइयाँ छत पर पड़ रही हैं। आज रात सब लोग घर पर ही खाना खा रहे हैं। इतने टूरिस्ट आजकल होटल में आकर ठहरते नहीं, अतः मैनेजर ही कामकाज देख लेते हैं। सुकान्त दिन को वहाँ से आकर सो गया है। वह अपने कमरे में बैठी इलियट की कविताएँ पढ़ रही है। कल से घर में एक नया मेहमान आया हुआ है। उसकी नाक बहुत लम्बी है। राधा ने बताया, वह डॉक्टर है, पिता का मित्र है। जब दिन को वह दोनों होटल से वापस आये थे, तो कितने स्वाभाविक ढंग से ये लोग एकदम चुप हो गये थे। सुकान्त को देखते हीउस लम्बी नाकवाले आदमी की आँखें कैसे चमक पड़ी थीं? उनमें शर्म का वह भाव आ गया था जो किसी तथ्य की पुष्टि पर दिखायी पड़ता है। अब वह बैठी पढ़ रही है तो माँ की अचानक ऊँची उठ गयी आवाज़ कमरे तक आती है–"तुम झूठ बोलते हो। मैं जानती हूँ, तुम दोनों कौन सी साज़िश कर रहे हो, तुम डरकर यह बात कह रहे हो..."

माँ ने किसी से कहा "झूठ बोलते हो। कौन कैसा षड्यन्त्र कर रहा है?"

हम सब भोजन की मेज़ के चारों ओर बैठे हैं। साथ रखी छोटी मेज़ पर शराब की बोतल पड़ी है। पिता इसमें से गिलास में बार–बार शराब डालते हैं और बड़ी जल्दी–से पी जाते हैं। मेजर अपनी टाँग को थोड़े–थोड़े समय पश्चात् हाथ से दबाते हैं। इस बला की सर्दी में उनकी कटी हुई टाँग में दर्द बढ़ जाता है।

बाहर बर्फ़ गिर रही है बिना किसी आवाज़ के। बिजली शाम को फ़ेल हो गयी है। इसीलिए मोमबत्तियाँ जलायी गयी हैं। मछलीघर के पीले, उदास पानी में सुनहरी मछलियाँ तैर रही हैं और सात मोमबत्तियों की सात परछाइयाँ छत पर पड़ रही हैं।

पिता ने बहुत–सी शराब ढाली और सुकान्त के आगे कर दी। माँ उनको ऐसा न करने के लिए आँखों में ही बरजती रहीं, परन्तु नशे के कारण वह समझ न सके। सुकान्त ने माँ की यह मुद्रा देख ली थी। आज उसका मन तथा शरीर, दोनों बहुत अलग लग रहे हैं।

"अम्मा, तुम चिन्ता मत करो। बहुत नहीं पीऊँगा।"

"ठीक है, ठीक है।" जवाब पिता ने दिया–कुछ अतिरिक्त उत्साह के साथ।

मेज़ पर सात मोमबत्तियाँ जल रही हैं और रोशनी की सात गोल परछाइयाँ छत पर पड़ रही हैं। मछलीघर में सुनहली मछलियों ने तैरना बन्द कर दिया है–शायद थक गयी हैं। लकड़ियाँ चटक–चटककर जल रही हैं। उनकी उठती हुई आग की लपटों के कारण दीवारों पर अलग–अलग आकार बनते हैं और फिर बड़ी जल्दी मिट जाते हैं। खिड़की के पास ही लगे हुए पेड़ की टहनी शीशे के साथ किसी पागल कुत्ते की तरह लगातार सिर पटक रही है, जिससे ध्वनियों के छोटे–छोटे धमाके कमरे में इधर–उधर बिखर गये हैं। मछलियों ने फिर से उस पीले उदास जल में धीरे–धीरे तैरना आरम्भ कर दिया है। सुकान्त पापा की किसी बात के उत्तर में कह रहा है–"पापा, वह औरत बड़ी सुन्दर थी। जब मैं छोटा था तो आप होटल साथ ले जाया करते थे। मुझे बहुत–सी टॉफ़ियाँ देकर बाहर बिठा देते थे और स्वयं उसके कमरे में चले जाया करते थे। वह कोई टूरिस्ट थी न, जो सीजन ख़त्म होते ही वापिस चली गयी। पापा, आपकी मिस्ट्रेस थी बहुत सुन्दर। देखो, कितनी पुरानी बात याद आ गयी। आज मुझे सब कुछ फिर से याद आ रहा है।"

पापा का चेहरा लाल सुर्ख़ हो जाता है। ग़ुस्से के कारण उनके कान के नीचेवाली नस ज़ोर–ज़ोर से फड़क रही है। वह सुकान्त को डाँट देते हैं।

सुकान्त की आँखें इतनी ज़ोर से क्यों चमक रही हैं, रोशनी के दायरे में बद्ध किसी पशु की आँखों की तरह? पापा की डाँट का उस पर कोई प्रभाव न पड़ा। उसने ख़ुद ही हाथ बढ़ाकर बोतल में से और शराब ढाल ली। "पापा, तुम शेक्सपियर पढ़ा करो। मैकबेथ ज़रूर पढ़ना–लाइफ़ इज़ ए टेल, टोल्ड बाई एन इडियट, फूल आफ़ साउंड एंड फ़्यूरी, सिग्नीफ़ाइंग, नथिंग..."

माँ अब उसे चुप होने को कहती है। पापा बोलते हैं–"यह क्या चुप होगा। तुम माँ–बेटे जाने कैसी–कैसी किताबें दिन–रात पढ़ते रहते हो। देखो, क्या–क्या बक रहा है। तुम मानती क्यों नहीं कि डॉक्टर ठीक कहता है।"

बड़ी नाकवाले ने ज़ोर से सिर हिलाकर उनकी बात का समर्थन किया।

मेज़ पर फल रखे हैं। इन्हें काटने के लिए एक पतला, लम्बा, बड़ी तेज़ नोकवाला चाकू पास पड़ा हुआ उस पीली रोशनी में भी चमक रहा है।

फिर भी सुकान्त ही बोला, ''द टाइम इज़ आउट आफ़ जायंट।''

आज वह शायद मात्र अंग्रेज़ी बोलने के मूड में है। लकड़ियाँ ज़ोर से चटकीं, खिड़की के शीशे पर पेड़ की टहनी ने पागल कुत्ते की तरह सिर पटका। सुनहली मछलियों ने फिर तैरना बन्द कर दिया है। दीवारों पर आकार बन रहे हैं, बिगड़ रहे हैं। दीवार पर लगी सबावाला की पेंटिंग का दूसरा अश्वारोही बड़ी तेज़ी–से भाग रहा है। टहनी शायद ज़ोर से खिड़की पर लगी। पटाक की आवाज़ के साथ शीशा टूट गया। हवा का तेज़ झोंका आया और मेज़ पर रखी सातों मोमबत्तियाँ एक साथ बुझ गयीं।

सुकान्त ने कहा–''अम्मा, वह सफ़ेद चीता आ गया...''

और अशोक वृक्ष के नीचे सोया वह सफ़ेद चीता जाग पड़ा। खिड़की के रास्ते छलाँग लगाकर वह अन्दर आ गया। मेज़ पर पड़ा फल काटनेवाला चाकू बड़ी ज़ोर से अँधेरे को काट गया और फिर किसी के नीचे गिरने की आवाज़ आयी। सबावाला के चित्र में से उस अँधेरे में दूसरा अश्वारोही भागकर बाहर हो गया।

मेजर साहब ने खिड़की बन्द कर दी। लम्बी नाकवाले ने मोमबत्तियाँ जला दीं।

सुकान्त नीचे गिरा पड़ा है और उसके गले से रक्त की धाराएँ बह रही हैं। पिता उसे देखते ही चीख़–चीख़कर कहते हैं–''यह पागल है! पागल है! डॉक्टर ठीक कहता है...'' फिर वह ज़ोर–से हँसने लगे। मेजर आगे बढ़कर उन्हें कन्धे से पकड़कर झकझोर देता है। वह फिर हाथों में सिर पकड़कर बैठ जाते हैं।

इतनी सारी घटना को ग्रहण करने में सुनीता के मन–मस्तिष्क को कुछ समय लगता है। फिर उसका मुँह खुला और अचानक एक लम्बी चीख़ निकली, जो अब सारा जीवन उसके मस्तिष्क के अँधेरे बन्द कमरे में गूँजती रहेगी।

माँ गिरे हुए सुकान्त के ऊपर लेट–सी गयी है। जहाँ घाव हो गया है, वहाँ अपना चेहरा रखकर ख़ून बन्द करने की कोशिश कर रही हैं।

लम्बी नाकवाला और मेजर उन्हें खींचकर पीछे करते हैं। वह बौद्ध भिक्षुणी नहीं रहीं। रक्त–सना चेहरा अपनी पूज्या देवी महाकाली–सा हो गया है। रक्त–पान कर रही कापालिका बन रही हैं।

लम्बी नाकवाला डॉक्टर सुकान्त की टाई खोल रहा है, ताकि घाव को बाँध सके। सफ़ेद चीता फिर से अशोक वृक्ष के नीचे आकर सो गया है। मेजर और डॉक्टर सुकान्त को उठाने की कोशिश कर रहे हैं। क्षण भर के लिए होश आता है। वह पीली उदास मुसकान उसके चेहरे पर तैर आती है। वह हम सबकी ओर देखता है और फिर धीरे–से कहता है, "गुड नाइट, अम्मा! गुड नाइट, सुनीता! गुड नाइट एवरी बडी!"

मेज़ पर सात मोमबत्तियाँ जल रही हैं और रोशनी की सात गोल परछाइयाँ छत पर पड़ रही हैं।

"वी बिगिन टू लिव व्हेन वी हैव कनसीव्ड लाइफ़ इज़ ए ट्रेजेडी!"

हाँ, अब जीवन बिल्कुल पूर्ण हो गया है। पहले क्रोध आता था, किस बात पर प्रसन्नता होती थी, अब ऐसा कुछ नहीं होता। जो कुछ व्यतीत हो रहा है, उसे ऐसे सहे जा रही हूँ, जैसे वह मुझ सुनीता के साथ नहीं अपितु किसी अन्य के साथ बीत रहा हो।

अमेरिका जाने की आवश्यकता नहीं पड़ी। अपने देश में, अपने घर में, सब कुछ हो गया है। मन बिल्कुल शान्त है। आकांक्षाएँ अब अपने घेरे में नहीं लेतीं। यहीं विश्वविद्यालय में पढ़ाती हूँ। किसी सुन्दर लड़की को देखती हूँ, किसी साड़ी का अच्छा प्रिंट देखती हूँ, या कभी मौसम ही अच्छा होता है तो यूँ ही आँखें भर–भर आती हैं।

हाँ, अब भी उस ताम्रवर्णी लाल–लाल आँखोंवाली काली की मूर्ति कई बार सपने में, जागते हुए भी अपने मन में दिख जाती है। पापा मेरे कुछ बताये बिना ही मेरी स्थिति को समझ गये हैं। यह जो मुझ में ठहराव आ गया है, इसे देखकर उन्हें सन्तोष होता है। उनका विचार है, अब जीवन सुख से बीतेगा। माया अपने दर्पण में बाँधकर परछाईं को झटकायेगी नहीं।

समय बीत जाये तो जो मुख्य–मख्य बातें हुई हैं, वे तो याद रहती ही नहीं। याद रह जाता है विभक्त प्रभाव अथवा टुकड़ों में बँटे छोटे–छोटे दृश्य। अब सुकान्त, उसकी अम्मा या अन्य किसी का चेहरा चाहने पर भी याद नहीं आता।

हाँ, सुकान्त सचमुच पागल था। उस रात मैं अम्मा के पास ही सोयी थी। सारी रात उनके वक्ष पर सिर रखकर काँपती रही। मस्तिष्क की चारदीवारी में क़ैद वह चीख़ क्या अब मुझे कभी मुक्त न करेगी? कहीं खिड़की के रास्ते कूदकर सफ़ेद चीता फिर से अन्दर न आ जाये। दरवाज़ा ज़ोर–से बजा। मैंने पूछा–''कौन है?''

जवाब आया, ''मैं हूँ, मैं हवा हूँ।''

सारी रात यही प्रश्नोत्तर होते रहे। अम्मा ने बात फिर से आगे बढ़ायी, ''हाँ बेटा, इसीलिए राधा ने तुम्हें सुकान्त के बारे में कुछ न बताया था क्योंकि वह पागलख़ाने में था। तुम लोगों के आने के कुछ दिन पूर्व ही ठीक होकर घर आया था। डॉक्टरों ने कहा था, अब किसी प्रकार की कोई ऐसी बात न हो जिससे उसका मानसिक सन्तुलन बिगड़े। तुम उसके समीप आ रही थीं, तभी हम सबको अच्छा न लग रहा था, कहीं फिर उसका मन अशान्त हो गया, तो? जब मोटर साइकिल–दुर्घटना में बहन मरी, पिता उसे हत्यारा समझने लगे, तभी से वह बहुत चुप हो गया था। फिर वह पर्वतारोहण संस्था में दाख़िल हो गया। वहाँ से वे लोग किसी बहुत ऊँचे पहाड़ पर चढ़ने गये थे और एक रात बर्फ़ीले तूफ़ान में सुकान्त के सब सहयोगी दब गये, वह अकेला रह गया। पूरे सात दिन और सात रात वह लगातार अकेला चलता रहा। और वह बताता है कि उन दिनों वह कभी भी अकेला न होता था। 'कोई' सदा उसके साथ–साथ चलता रहता था। उस किसी 'कोई' ने उसे मृत्यु से बचा लिया। वायुसेना के विमान इस खोये हुए दल की खोज कर रहे थे। इस तरह सुकान्त को बचा लिया गया। तब से जब–जब बर्फ़ गिरती है, वह पागल हो जाता है। पहली बार भी बिल्कुल ऐसे ही उसने गले में चाकू मार लिया था...''

जैसे किसी रहस्य–कथा का कोई सूत्र मिल जाये और सारी स्थितियाँ स्पष्ट हो जायें, वैसे ही सब कुछ समझ में आ गया।

अब सारे दृश्य कट गये हैं, टूटे काँच के–से। सुबह मैंने उस घर से विदा ली। मछलीघर की ओर देखा। रात को इसे ढँकना शायद हम लोग भूल गये थे। पानी जम गया है और वह सारी–की–सारी मछलियाँ मर गयी हैं। घर से थोड़ा दूर जाकर पीछे मुड़कर देखा। वह दरवाज़े जितनी बड़ी खिड़की खुली थी, उसमें सुकान्त खड़ा था। बड़े ज़ोर–से मृत फूलों का

गुच्छा हिला–हिलाकर मुझे विदा कर रहा था। उसने वही ऊँचे गलेवाला पीला पुलोवर पहन रखा था।

वह लम्बी नाकवाला पागलों का डॉक्टर था। ज़रूर उसे अपने साथ ले गया होगा। पता नहीं, वहाँ के लोग सुकान्त को पीला पुलोवर पहनने देते होंगे, कविता–पुस्तकें पढ़ने देते होंगे, या नहीं?

राधा अमेरिका चली गयी है। उसने वहीं पर विवाह कर लिया है।

वे जो जाग्रत क्षण कभी–कभी जन्म ले लेते हैं, क्या उनका विस्तार और गहराई अब जीवन का अभिन्न अंग बन गये हैं? सचमुच जहाँ विज्ञान समाप्त हो जाता है, क्या वहीं से साहित्य का आरम्भ होता है? मिस्ट्री को, व्यक्ति मन को, जो सबसे बड़ी मिस्ट्री है, क्या कोई ज्ञान के द्वारा सुलझा पाया है? ये जाग्रत क्षण ही क्या अब जीवन की निधि बन गये हैं?

उस मकान की खिड़कियाँ बाहर की ओर खुलती थीं। नीचे की घाटी इतनी मोहक थी कि जी चाहता था, उसी क्षण नीचे छलाँग लगाकर आत्महत्या कर ली जाये। लॉन में लेटी पीले जार्जेट के पल्ले–सी धूप...मैं, प्रोफ़ेसर शर्मा की बात नहीं मानती, मांस के दरिया में यथार्थ होगा, मुझे तो 'नील झील' पसन्द है, जहाँ पक्षियों को मारना मना है। आकाश से बमवर्षक विमान की तरह नीचे डाइव करता जलपाँखी...फल काटनेवाले चाकू। अभी सफ़ेद चमकदार, अभी रक्तस्नात अंगारे–सी दहकती अम्मा के माथे की बिन्दी, गले में अजगर–सी सरकती काले पत्थरों की माला. ..हाँ, मैं तो भूल ही गयी, इस नये प्रिंट की साड़ी मुझे आज ही लेनी है। सिन्दूरी रंग का सनमाइका टेबल बनवाना है। श्वेत घोड़े पर सवार होकर अन्धड़ गति से वह अश्वारोही आख़िर चला ही गया...क्या मैं उसकी गति को बाँध पाती? सबावाला की पेंटिंग में दूसरा अश्वारोही बाहर निकलकर अब तक अवश्य मरुस्थल में खो गया। इतने चाहने पर भी सुकान्त का चेहरा याद क्यों नहीं आता? लॉन पर लेटी धूप...पागल कुत्ते की तरह शीशे पर सिर पटकती पेड़ की टहनी...बर्फ़ का अपार विस्तार... अशोक वृक्ष के नीचे सोया श्वेत चीता...विदा का वह क्षण...मृत फूलों को ज़ोर–ज़ोर से हिला रहा सुकान्त, मछलीघर में मरी हुई सुनहरी मछलियाँ और फिर इन सारे कटे हुए दृश्यों का मरुस्थल में खो जाना, बाहर को खुलती दरवाज़े जितनी खिड़की...काली घाटी...काली झील...श्वेत तना हुआ अश्व। अशोक वृक्ष...श्वेत चीता, जलपाँखी, अम्मा औ...र सु...का‌न्...त...

भीड़

उस पैसेंजर गाड़ी के डिब्बे में स्पष्ट लिखा था 'तीस आदमियों के बैठने का स्थान' और अब तक उसमें पचास यात्री चढ़ चुके थे। गाड़ी की गति बहुत धीमी थी जैसे कोई भीमकाय दरिन्दा घायल हो जाने पर धीरे–धीरे आगे लुढ़क रहा हो, कराहते हुए अजीब–अजीब भयानक आवाज़ें करते हुए।

आध घण्टा पहले बारिश का छोटा–सा तेज़ झोंका पड़ा था। अब सूरज की गर्मी से ज़मीन से निकल रही भड़ास किसी विषैली गैस की तरह सरसराती हुई डिब्बे में आ–जा रही थी। मर्दों ने अपनी क़मीज़ों, कुर्तों वग़ैरह के बटन खोल दिये थे। औरतें बेचारी उँगलियों से ब्लाउज थोड़ा उठाकर अन्दर फूँकें मार रही थीं। छत के पंखे हमेशा की तरह ग़लत कोण पर सेट थे और ऊपर सोने तथा सामान रखने वाली सीटों के कारण वह मात्र छत को हवा दे रहे थे।

काफ़ी देर से कोई बड़ा स्टेशन नहीं आया था। छोटे स्टेशनों पर चन्द मिनट रुककर जब गाड़ी आगे चल पड़ती तो पानीवाले तब ही पानी की पुकार लगाते।

गाँव का एक जाट बड़ी देर से गोदी में हिला–डुलाकर बच्चे को चुप कराने की कोशिश कर रहा था। बच्चा अपने छोटे–छोटे हाथ उठाकर पानी–पानी कह रहा था। फिर माँ ने तीन–चार बार उसे दूध देने की कोशिश की पर स्तन मुँह में डालते ही बच्चा अपना मुँह बिगाड़कर परे कर लेता और पहले से भी ज़ोर से रोना शुरू कर देता।

पास में बैठा पढ़ा–लिखा व्यक्ति किसी फ़िल्मी मैगजीन में अपने को उलझाने की कोशिश कर रहा था।

"क्यों बाऊ जी, अगले स्टेशन पर पानी मिल जायेगा या नहीं?"

"भाई देख लेना, मैं कोई स्टेशन मास्टर नहीं।"

लिखे–पढ़े ने यह अपनी हिमाकत समझी कि एक गँवार पर भी उसके टैरेलिन के कपड़ों का रौब नहीं पड़ा और उसने 'बाऊ' कहने का हौसला किया। जैसा कि ज़रूरी है, सब बाऊ अपने को साहब कहलाना चाहते हैं।

जाट जिस ओर बैठा था, अब उधर से भरपूर धूप सीट पर पड़ रही थी। एक–आध यात्री ने धूप से बचने के लिए खिड़की चढ़ायी तो सारे डिब्बे में हाय–तौबा मच गयी। हवा गर्म सही, आ तो रही है।

सूरज की किरणें हज़ार–हज़ार बर्छों की तरह जिस्म छेदे डाल रही हैं। गाड़ी धीमी हो रही है, कोई स्टेशन आया है, उसकी बीवी बोली।

"देख, पानी अब ज़रूर लाना। बच्चा मर रहा है।"

"भला।" कहकर वह दरवाज़े के पास खड़ा हो गया।

गाड़ी रुकी, सारे स्टेशन पर किसी आदमी का नाम–निशान तक नहीं था। वह आधे मिनट में सब ओर घूम आया। जब गाड़ी चल पड़ी तो एक कोने से पानी–पानी की मरियल–सी आवाज़ें आने लग पड़ीं। उसने चलती गाड़ी से उतरने की कोशिश की तो कई आवाज़ें एक साथ आयीं, "हैं, हैं, पागल हो। देखते नहीं गाड़ी कित्ती तेज़ चल रही है?"

"इसी तरह लोग मरते हैं, और ब्लेम रेलवे को करते हैं।" टैरेलिन की क़मीज़–पैंट बोली। "खोते ले जायें इन पानीवालों की माँ को!" कहकर वह अपनी सीट पर बैठ गया। बच्चे का शोर बढ़ रहा था।

उसकी बीवी ने पासवाली मोटी औरत से बातें करने की कोशिश की–

"देखो जी, आपकी सरकार है। टेशन पर पाणी तक नहीं मिलता। ग़रीब का तो जीना हराम है। आज ही कचहरी में मुक़दमा हार गये हैं, मकान और थोड़ी ज़मीन थी, छिन गयी।"

"भगवान की मर्ज़ी है", उस औरत ने मुँह परे कर लिया। बच्चा अब भी रो रहा था।

"तू अपना रोना हर जगह रोती रहती है, पहले इस बाप को तो चुप करा।" वह तीखी आवाज़ में बीवी से बोला।

"मैं चुप कराऊँ। तू कहाँ का मर्द है, चार टेशन गुज़र गये, पानी भी न ला सका। फ़ौजदारी करनी हो तो सबसे आगे। अब खायेंगे क्या? मकान गया, ज़मीन गयी।"

दोनों की आवाज़ें ऊँची हो गयी थीं। लोगों के कान पीपल के सूखे पत्तों की तरह खड़े हो गये थे। चलो, कुछ बात तो हुई, ज़रा देर को गर्मी तो भूलेगी।

मोटी तोंद बड़ी वीभत्स–सी आवाज़ में बोली–"वाह भाई, आज़ादी! तेरे क्या कहने? कैसे तड़ाक से जवाब देती है। ठीक है, अब तो सच्ची–मुच्ची औरतों का राज हो गया है।"

कई कोनों में दुबकी हँसी फूट निकली। बच्चा अब भी हाथ पटक–पटककर रो रहा था। जाट खिड़की से बाहर सिर लटकाये बात टालने की कोशिश कर रहा था।

औरत ने तंग आकर बच्चा उसकी गोद में पटक दिया...

"क्या मज़े से बाहर देख रहा है। इसे पकड़ने में जैसे हाथ मैले होते हैं।"

उसने 'दाऊ' और 'माऊ' वग़ैरह जैसी अजीब आवाज़ें मुँह से निकालकर बच्चे को चुप कराने की कोशिश की, पर बेकार। यात्री व्यंग्य–भरी मुस्कान से उसे देख रहे थे। माँ से तो चुप हुआ नहीं, यह शेर कराएगा।

चन्द मिनटों के बाद वहीं से उछालकर उसने बच्चे को सामने की सीट पर बैठी बीवी की गोद में फेंक दिया।

"हाँ, हाँ मार डाल। इसे भी, मुझे भी। अब खिलाने को तेरे पास रह क्या गया है?"

"चुप रह बदज़ात। ज़मीन, मकान तेरे बाप ने दहेज में दिये थे क्या, जो ताने मार रही है। ज़बान खींच लूँगा।"

उसकी आँखें लाल होती जा रही थीं, नथुने फड़क रहे थे। कुछ लोगों के चेहरों पर से हँसी की रोशनी फ़्यूज़ हो गयी थी। टैरेलिन की पेंट–क़मीज़ ज़रा परे हट गयी।

"ख़बरदार जो मेरे बाप का नाम लिया। तेरी तरह कंगाल नहीं, लम्बरदार है, लम्बरदार। सबको अपने जैसा समझता है।"

"मैं कहता हूँ ज़बान को लगाम दे। नहीं तो..."

"नहीं तो क्या, ख़ून कर देगा। कर दे। तेरे साथ जीने से तो रब्ब मार दे, वही अच्छा है। न ज़मीन, न मकान।"

बच्चा अब भी रो रहा था।

उसने बीवी के मुह पर थप्पड़ खींच मारा। आवाज़ें भिनभिनायीं– "हाय, हाय। जुल्म देखो। औरत को ऐसे मार रहा है जैसे भैंस हो।"

"अजी अनपढ़ लोगों की बातों में पड़ना बेवकूफ़ी है।"

औरत ने खड़े होकर सिर पीटना शुरू कर दिया। वह लगातार अपने बाल नोचे जा रही थी। "मार और मार, मुझ औरत पर, देवी पर हाथ उठाया

है, रब्ब तेरे हाथों में कीड़े डाले, तुझे कोढ़ हो जाये, तू टुकड़े–टुकड़े को तरसे..." बच्चा अब भी रो रहा था।

हवा बन्द, पंखों की हवा सिर्फ़ छत पर, लोगों के साँसों की बू, उनकी बग़लों से उठती बदबू, ज़मीन से निकल रही विषैली गैस की बू, किरणों की छलनी कर–कर जाती बरछियाँ, गाड़ी की मरियल गति, दो घण्टे से पानी का एक घूँट नहीं, ज़मीन गयी, मकान गया, बच्चा कब से रो रहा है, औरत का स्यापा, देखते लोग, हँसते हुए, दुबके हुए...बू की एक और लहर उसके नथुनों में घुस गयी, टैरेलिन की क़मीज़–पैंट की उबासी...

औरत और ज़ोर से स्यापा कर रही है। बच्चा अब भी रो रहा है।

उसका चेहरा एकदम विकृत हो गया। वह सीट से उठ गया।

"ठहर हरामज़ादी, मैं तुझे चुप कराता हूँ।"

गँड़ासा कौंधा। बिजली चमकी। छप्पक की ज़ोर की आवाज़, औरत का सिर धड़ से अलग छिटक गया है। कटे सिर में से भी आधी चीख़ पूरी हो गयी।

धड़ से ख़ून की पतली–सी धार निकली और फिर लहू यूँ उछला जैसे बन्द फ़व्वारे का कार्क किसी ने निकाल दिया हो। हल्के गुलाबी रंग का लहू, फिर काला स्याह और गोंद की तरह जमता–सा।

बच्चा चुप। उछलता लहू, छटपटाता धड़, इस सबने उसके मन को बाँध लिया, वह प्यास भूल गया। आसपास की सीटों पर से आदमी उठ गये एक कोने में जमा हो गये।

"हो गयी चुप्प माँ की यार", वह बड़बड़ाया।

टैरेलिन की पैंट–क़मीज़ ने जंज़ीर की तरफ़ हाथ बढ़ाया।

"ख़बरदार माँ का यार, कोई जंज़ीर खींचकर तो देखे। हज़ार टुकड़े कर दूँगा।"

ख़ून धीरे–धीरे सारे डिब्बे में फैल रहा है। पचास से ऊपर आदमियों ने साँस तक लेना बन्द कर दिया है। हट्टे–कट्टे मर्द भी दहशतज़दा हैं। इस आदमी के सिर पर ख़ून सवार है। कुछ भी कर सकता है। उसने गँड़ासे को घूर कर देखा और फिर बड़ी बेरहमी से धड़ पर पहनी क़मीज़ पर रगड़कर उसका रक्त साफ़ कर दिया।

गाड़ी धीमी हो रही है। लोग बाहर कूदने के लिए दरवाज़ों और खिड़कियों पर पहुँचने के लिए एक–दूसरे को धक्का दे रहे हैं।

चीं, चीं...गाड़ी रुकी। लोग छलाँगें मारकर बाहर कूद गये। पासवाली मोटी औरत बाहर निकलते हुए बच्चे को भी साथ उठा लायी। जाट अब भी अन्दर बैठा है।

वह विचित्र दृश्य सामने न रहा तो बच्चे ने फिर रोना शुरू कर दिया।

प्लेटफ़ार्म पर कुहराम मच गया। और डिब्बों के यात्री भी उस डिब्बे के सामने जमा हो गये। ख़ून–ख़ून की आवाज़ें सुनकर एक सिपाही बड़ा–सा डण्डा उठाये कहीं से प्रकट हो गया। स्टेशन मास्टर भी आ गया। डिब्बे के दरवाज़े से लहू बाहर टपक रहा था।

स्टेशन मास्टर ने सिपाही को उसे पकड़ने का इशारा किया। सिपाही काँपते क़दमों से आगे बढ़ा। गँड़ासा डिब्बे में लहराया और सिपाही छिटककर पीछे हो लिया।

वह अब डिब्बे के अन्दर छलाँगें लगा रहा था, गँड़ासा घुमाते हुए कह रहा था–

"आओ पकड़ो। जिसने माँ का दूध पिया है, आये। पकड़े।"

"क्या ज़माना आ गया है। दिन–दहाड़े ख़ून और अपराधी छा जाये। यह है रेलवालों का इन्तज़ाम, अपनी सरकार के रंग देखो।" एक मास्टरी आवाज़।

स्टेशन मास्टर, सिपाही, सब हैरान, क्या करें!

"साहब, थाने फ़ोन करें। आर्म्ड पुलिस मँगायें", एक क्लर्की आवाज़।

"थाना बीस मील दूर है। वहाँ फ़ोन भी नहीं, कैसे इत्तलाह करें", स्टेशन मास्टर बोला।

तभी भीड़ को अपने चौड़े कन्धों से चीरता क्रिउ–कट एक नौजवान सामने आया।

"क्यों साहब, हम इसे पकड़ने का तरीक़ा बतायें?" उसने ख़ालिस फ़िल्मी आवाज़ में कहा।

"हाँ, हाँ", कई तरफ़ से आवाज़ें आयीं।

"पहले इसे ज़ख़्मी करो। जब गिर जाये तो पकड़ लो।"

"कैसे?"

उसने घूमकर उन सैकड़ों लोगों को बड़ी हिकारत–भरी निगाह से देखा। फिर बड़े अन्दाज़ से नीचे झुककर लाइन के पास पड़ा पत्थर उठाया, हाथ तोला और गोली की गति से पत्थर अन्दर दे मारा–"ऐसे।"

पत्थर उसके सिर पर लगा। लहू चमक रहा है।

पल भर में सैकड़ों हाथ उठे और अन्दर पत्थरों की बौछार होने लगी।

"पापा, मैं भी मारूँ?" दस साल की आवाज़।

"हाँ, मेरे शेर, मार। डरता क्यों है।"

उस आदमी के शरीर पर कई हिस्सों से ख़ून निकल रहा है। रक्त देखकर उसे होश उड़ गया। वह सीट के नीचे लेट गया।

अब भीड़ क्षण भर को थमी। पत्थर अब उसे नहीं लग रहे थे।

बाँसों का बहुत बड़ा गट्ठर शायद बुक होने के लिए प्लेटफ़ॉर्म पर पड़ा था। कोई एक बाँस खींच लाया। पल भर में कई लोगों के हाथों में बाँस थे। खिड़कियों के रास्ते उस आदमी के शरीर पर लोग बाँसों की तेज़ नोकों से घाव करने लगे। वह उठता तो पत्थरों की बौछार, लेटता तो बाँसों से घाव।

अब वह एक गोरिल्ले की तरह डिब्बे में उछल रहा था। एक आँख फूटकर बाहिर बह आयी थी। गँडासे से वह सारी सीटों को काटे डाल रहा था। चीं, चरर–राक की आवाज़ों के साथ लकड़ी कट रही थी।

"पापा, मेरा पत्थर लाओ", दस साल की किलकारी।

इस आध घण्टे के युद्ध के बाद वह निढाल हो गया। अब गँड़ासा मुश्किल से उससे उठ रहा था। उछलना भी बन्द हो गया था। एक हाथ से सीट को पकड़ वह कटे वृक्ष की तरह बैलेंस रखने की कोशिश कर रहा था और फिर अचानक धड़ाम से नीचे गिर पड़ा। उसका शरीर अब बाँस की चोट लगने पर हिलता, फिर रुक जाता और मुँह से गुर्राहट की आवाज़ निकलती।

"अब गिर गया है, और न मारो।"

"तुम शेर हो तो अन्दर जाकर पकड़ लो। देखते नहीं गँड़ासा अब भी उसके हाथ में है।"

भीड़ अब पत्थर और बाँस के खेल से बोर हो गयी थी। लोग किसी और घटना की प्रतीक्षा में थम गये थे।

क्रिउ–कट फिर धीमे क़दमों से डिब्बे में चढ़ा। हज़ारों आँखें उसे पूजा–प्रशंसा की दृष्टि से देख रही थीं, वाह क्या हौसला है, इसे जवानी कहते हैं। उसने उस गिरे हुए आदमी के सिर पर लाठी का भरपूर वार किया। बड़ी ज़ोर से वह एक बार मर रहे साँप की तरह हिला, छटपटाया

और फिर ढीला पड़ गया। उसने उसे टाँगों से घसीट कर बाहर फेंक दिया। प्लेटफ़ार्म पर ख़ून ही ख़ून फैल गया।

"अरे, यह तो मर गया है।"

भीड़ में दहशत छा गयी। लोग परे हट गये। वह नौजवान कहीं ग़ायब हो गया।

"गाड़ी घण्टा भर लेट हो गयी है, अब अगले स्टेशन पर पता नहीं दूसरी मिले या न मिले", एक बहुत ही बोर हो गयी लगती–सी आवाज़।

"अजी सरकार है, अपनी सरकार, रंग देखते चलो", एक प्रतिक्रियावादी स्वर।

गाड़ी धीरे–धीरे सरक रही है और लोग तब तक खिड़कियों से सिर निकालकर बाहर देखते रहे जब तक वह लाश मिटते–मिटते एक बिन्दु–मात्र नहीं रह गयी।

जंगल

तो वे लोग यहाँ पहुँच ही गये।

उस छोटी–सी पहाड़ी के नीचे बसा हुआ गाँव काग़ज़ पर खींचे हुए नक़्शे–सा साफ़ नज़र आ रहा था। नागा–प्रदेश के इस अत्यन्त भीतरी भाग में इतना बड़ा गाँव बसा होने की कल्पना कैप्टेन ने न की थी। गाँव से लगभग एक मील दूर खेत है, ऐसी सूचना नायक ने आकर दी है। गाँव से बाहर निकलने और वापस जाने के मात्र दो रास्ते हैं। आने–जाने वाले प्रत्येक आदमी को यहाँ से देखा जा सकता है।

कैप्टन ने साथ आये तीस जवानों पर निगाह डाली। वह सब अपनी पीठ पर से अस्सी किलो से अधिक वज़न का सामान नीचे रखे सुस्ता रहे हैं। सुबह होने में अभी एक घण्टे की देर है। तभी काम करने के लिए लोग खेतों की ओर जायेंगे। बाहर जाने वाले लोगों की गणना करने के लिए उसने हवलदार को संकेत कर दिया।

तो सात दिनों के बदले, मात्र पाँच दिनों में वह लोग यहाँ पहुँच गये हैं। उसने सब जवानों को ध्यान से देखा। पाँच दिनों की बढ़ी हुई दाढ़ी, रास्ते की कीचड़, मिट्टी, पैदल की थकान, आने वाली घटना की आशंका, इन सबने उनकी सूरत बहुत भयानक बना दी है। उसने आज्ञा दी है कि कोई भी हाथ–मुँह न धोये, शरीर अथवा वर्दी की सफ़ाई न करे। एक भयानक बदसूरत व्यक्ति लोगों के दिलों में आसानी से भय उत्पन्न कर सकता है।

गाँव के अन्दर तो शाम को ही प्रवेश किया जायेगा, तब लोग खेतों से वापस लौट आयेंगे।

हाँ, वह यहीं है, गाँव में ही है। सबूत की कहाँ आवश्यकता है। जंगल सदा से उसका आत्मीय रहा है। पेड़ों की हलचल के माध्यम से, पक्षियों की अलग–अलग प्रकार की आवाज़ों द्वारा शान्ति की ध्वनियों से जिन

सूचनाओं का संचार होता रहता है, उसे उसका शरीर आरम्भ से बिल्कुल ठीक से ग्रहण कर लेता है। हाँ, वह यहीं है, इसी गाँव में। आज शाम को कैप्टन उसे ज़रूर गिरफ़्तार कर लेगा। गाँववालों को किसी अनहोनी घटना की आशंका नहीं है। मकान चुपचाप हैं, गलियाँ सुनसान हैं, कहीं कोई हलचल नहीं, बाहर कोई आदमी कहीं पर भी पहरा नहीं दे रहा है, यह व्यापक शान्ति उसकी उस गाँव में उपस्थिति का प्रमाण है। फिर वे लोग कल्पना भी कहाँ कर सकते हैं कि सेना की एक टुकड़ी उस विद्रोही नागा कर्नल की तलाश में यहाँ तक पहुँच जायेगी।

लेकिन ब्रिगेड कमांडर के पास आयी सूचनाएँ ग़लत नहीं हो सकतीं। चीन से छापामार युद्ध की शिक्षा प्राप्त करने के बाद कुछ दिन पूर्व ही यह विद्रोही पड़ोसी शत्रु देश की सीमा पार करके वापस यहाँ पहुँच गया है।

ब्रिगेड कमांडर ने किसी ऐसे अफ़सर की माँग की थी जो इस प्रदेश के भूगोल से पूरी तरह से परिचित हो। उसके कर्नल ने उसे वहाँ, उनके पास भेजा था। शान्ति–क्षेत्र में उसकी तब्दीली के काग़ज़ आ चुके थे। लेकिन उसने दो वर्ष और उसी क्षेत्र में रखे जाने का प्रार्थना–पत्र दिया था। यहाँ पर नये आये अफ़सर उसकी मूर्खता पर हैरान हुए थे। वहाँ जंगल में ऐसा क्या है कि यह कैप्टन दो वर्ष और रहना चाहता है? लेकिन कर्नल ने उसकी प्रार्थना स्वीकार करके अपनी सिफ़ारिश आगे भेज दी थी। नये अफ़सरों ने उन बीस जवानों के मृत चेहरे देखे थे क्या? मृत्यु के इतने दिन के बाद भी आश्चर्यचकित होने का भाव उन चेहरों पर कैसे खुदा हुआ था? कैप्टन उन दिनों अवकाश पर गया था। एक नये लेफ़्टिनेंट के नेतृत्व में बीस जवानों की टुकड़ी गश्त पर गयी थी। लेकिन वह सब लौटकर न आये। खोज हुई तो सबके मृत शरीर प्राप्त हुए। वह रात को सोये हुए थे तो उसी विद्रोही नागा ने जो अब कर्नल बनकर लौट आया था, उन्हें मौत के घाट उतार दिया था। नये अफ़सर ने आधारभूत ग़लती की। इस प्रदेश में दिन को सोया जाता है और रात में गश्त लगायी जाती है, और उसने बीस जवानों के साथ रात को सोने की भयानक भूल की थी। हाँ, वह छुट्टी से तब लौट आया था। वह सारे मृत चेहरे उसने भी देखे थे। फिर वह सारी लाशें वहाँ से उठीं और उस प्रश्नवाचक बैताल की तरह अन्दर प्रवेश कर गयीं। हाँ, वही इन सबका हत्यारा है। अवकाश पर न गया होता तो पेट्रोलिंग पर स्वयं साथ गया होता। फिर वह दुर्घटना क्योंकर हो सकती थी?

द्वन्द्व तो उसी दिन निश्चित हो गया था। उस विद्रोही से प्रत्यक्षीकरण तो हो जाये और फिर वह बीस मृत चेहरे इस द्वन्द्व के मूक गवाह होंगे। तब से कैप्टन सारा समय अपने टेंट में इस प्रदेश के नक़्शे बिछाये बैठा रहता है और वह बीस मृत जवान सदा वहाँ उपस्थित रहते हैं। कैप्टन ने कई बार उनकी गर्म–गर्म साँसें अपनी गर्दन पर महसूस की हैं और उसे यह सब अच्छा लगता है। उनकी उपस्थिति निश्चय को और पक्का करती है, आत्मा को सदा संकेत देती है।

ब्रिगेड कमांडर ने कैप्टन को उस दिन पहली बार देखा था। इस कैप्टन का क़द बहुत छोटा है। इसकी बाँहें बहुत लम्बी हैं, हाथ इस निर्जीव प्रकार से क्यों लटके हुए हैं? यह तो बिल्कुल प्रभावित नहीं कर रहा। इतने कठिन मिशन पर क्या सफल हो सकेगा? और उसे लगा कि अचानक सारा कमरा उस कैप्टन की उपस्थिति से भर गया है। एक हिंसक बू सब ओर व्याप्त हो गयी है जैसी कि किसी मांसभक्षी पशु के शरीर से निकलती है। उसे थोड़ा–सा शक अवश्य हुआ। हाँ, वह विद्रोही आजकल उसी गाँव में है। सीमा पारकर आया है। उसके माँ–बाप उस गाँव में रहते हैं। वहाँ तक पहुँचने का नक़्शा उन्होंने कैप्टन को थमा दिया।

उन्होंने बताया कि यह कार्य अत्यन्त गोपनीय ढंग से सम्पन्न होना है। किसी प्रकार का प्रचार अथवा कोई अनचाही राजनीतिक स्थिति पैदा हो जाये, वह ऐसा नहीं चाहते, इसीलिए वहाँ तक पहुँचने के लिए वायु सेना के विमानों या हेलीकाप्टरों का उपयोग नहीं किया जाना चाहिए।

अपनी यूनिट वापस पहुँच कर कैप्टन ने उन तीस जवानों को चुना जिनकी चुपचाप कार्य करने की आदत है। जब उसके निजी अर्दली, सैनिक जवान ने साथ चलने की आज्ञा माँगी तो पहले उसने इनकार कर दिया। उसके अर्दली की आँखों पर काफ़ी मोटा चश्मा चढ़ा है और फिर यह जवान बहुत मोटी बुद्धि का है, छोटी–छोटी बातें समझानी पड़ती हैं। अर्दली ने उसे याद दिलाया कि उन मरने वाले बीस जवानों में उसका भांजा भी था। वह कुछ देर सोचता रहा और तब उसने अर्दली को भी साथ चलने की आज्ञा दे दी।

और आज वह यहाँ पहुँच गये हैं।

रास्ते पर दस आदमियों का सामना हुआ और कैप्टन उनको भी पकड़कर यहाँ साथ लेता आया है। उनमें से कोई भी किसी–न–किसी ढंग

से सैनिक टुकड़ी के इस ओर आने की सूचना दे सकता था। अनावश्यक ख़तरा उठाने की आदत कैप्टन को न थी।

दिन पूरी तरह निकल गया है। हवलदार ने गिनती करके बताया कि साठ मर्द, बीस औरतें और लड़के गाँव से बाहर खेतों में काम करने के लिए गये हैं। कैप्टन ने यह सूचना नोट–बुक में दर्ज कर ली।

वह एकदम से चुप है। अर्दली देख रहा है कि कैप्टन के दायें कान के नीचेवाली नस लगातार फड़क रही है जैसे किसी दरिन्दे की मांसपेशियाँ अपने शरीर की क़ैद व थमी हुई शक्ति से अपने आप लरजती रहें, काँपती रहें। पिछले कई घण्टों से वह एक ही स्थान पर बैठा है, आँखों पर दूरबीन जैसे चिपक गयी है। सारे गाँव के आसपास के स्थानों का जायज़ा ले रहा है। जवानों को कड़ी हिदायत मिल गयी है कि उसकी आज्ञा के बिना कोई भी एक गोली तक न चलायेगा। नागालैंड के इस भीतरी प्रदेश से शान्तिपूर्ण ढंग से सफलता प्राप्त करके लौट जाना अधिक आसान है। वायरलेस पर ब्रिगेड कमांडर को यहाँ पर पहुँचने की सूचना भेज दी गयी है। उन्होंने एक–एक बोतल रम इनाम देने की घोषणा सब जवानों के लिए की है।

बादल घिर आने के कारण चार बजे ही दिन छुपना आरम्भ हो गया है। खेतों से लोग गाँव में वापस लौट रहे हैं। हवलदार ने लौटने वालों की गिनती भी की। जितने लोग बाहिर गये थे, सब–के–सब वापस लौट आये हैं। यह सूचना पाकर कैप्टन को सन्तोष हुआ। इसका अर्थ है कि किसी को भी इस सैनिक टुकड़ी के यहाँ पहुँचने की ख़बर नहीं लगी, वरना कोई–न–कोई आदमी किसी और गाँव में सहायता प्राप्त करने के लिए अवश्य जाता। वह अभी तक निर्णय नहीं कर सकता है कि उस विद्रोही कर्नल को कैसे पकड़ा जायेगा। प्रत्येक घर की तलाशी लेने का सवाल ही नहीं उठता। तलाशी आरम्भ होते ही वह गाँव के बाहर निकलकर जंगल में कहीं भी खो जायेगा। फिर उस विद्रोही कर्नल का फ़ोटो तक सैनिक गुप्तचर विभाग को प्राप्त नहीं हो सका, इसलिए देखकर पहचानना असम्भव है।

उसने दो नायकों को बुलाकर उन दोनों रास्तों पर हलकी मशीनगनें लगाने की आज्ञा दे दी। जब तक कैप्टन गाँव से लौट न आये, न कोई बाहिर जाने पाये और न कोई अन्दर आने पाये। कोई भी ऐसी चेष्टा करे

तो बिना प्रश्न पूछे गोली मार दी जाये। वह दोनों अपने–अपने स्थान की ओर चले गये।

जो दस आदमी पकड कर साथ लाये गये थे, उन पर एक जवान तैनात कर दिया गया। वह दूरबीन से देख रहा है कि एक मकान से कुछ आदमी बार–बार बाहर जाते हैं, भीतर आते हैं। उसने जवानों को समझाया कि वे गाँव में इधर–उधर सब तरफ़ फैल जायेंगे, छोटी–सी हलचल हो, अनहोनी घटना हो तो उसे उसकी सूचना देंगे।

और फिर प्रेतात्माओं की तरह चुपचाप सारे जवान उस गाँव में प्रवेश कर गये। कैप्टन ने जब चार जवानों के साथ उस बड़े–से मकान में प्रवेश किया जहाँ हलचल दिखाई दे रही थी तो अन्दर बैठे आदमी मशीनी हरकत से उठ खड़े हुए। वह सकते में आ गये थे। एक बूढ़ा जो गाँव का मुखिया रहा होगा, कैप्टन के सामने आ खड़ा हुआ।

कैप्टन ने बहुत धीमी और शान्त आवाज़ में उस बूढ़े से विद्रोही कर्नल का पता पूछा। वह जानता है, विस्तार से बातचीत की जाये तो लोगों में आत्मविश्वास लौट आता है, उनके दिलों से भय की भावना समाप्त हो जाती है। बूढ़े के चेहरे पर यदि हैरानी का भाव आया भी होगा तो उसकी लम्बी दाढ़ी के नीचे छुप गया। उसने बड़े स्पष्ट शब्दों में बताया कि उस गाँव में कोई भी विद्रोही नहीं है।

कैप्टन बाहर आँगन में बिछी चारपाई पर बैठ गया है। उसकी आज्ञा मिलने पर गाँव के सारे मर्द एक–एक करके चारपाई के सामने से गुज़रे। नहीं। वह, इनमें नहीं था। शरीर में कोई अनुभूति, कोई संसेशन नहीं हुई, किसी भी प्रकार का ख़तरे का सिगनल अन्दर से प्राप्त नहीं हुआ। लेकिन कैप्टन तो जानता है कि उसकी आत्मा ने, कन्धे पर सवार बीस शवों ने जो संकेत दिये हैं, वह झूठ नहीं हो सकते। औरतों के, बच्चों के, पेड़ों के, पक्षियों के, मकानों की दीवारों के चेहरों पर इतनी दहशत क्यों है? वातावरण के शान्त तनाव में इतना विस्फोटक संचार क्यों है? यह सब उसकी उपस्थिति के प्रमाण हैं। उसने सोचा औरतों से कुछ प्रश्न पूछे, फिर निर्णय बदल दिया। औरतों से कोई बाहर का आदमी साधारण बात भी करे तो यह लोग क्षण भर में हिंसक हो उठते हैं। वह किसी प्रकार की हिंसा नहीं करना चाहता। भीड़ तभी तक भयभीत रहती है जब तक कि हिंसा न की जाये।

वह किसी प्रकार का क्रोध नहीं दिखा रहा, परन्तु बड़ी धीमी गति से उसका माथा सिकुड़ता जा रहा है। वह बार–बार पेड़ों की ऊँची टहनियों

की ओर देखता है, लेकिन किसी प्रकार का संकेत नहीं मिल रहा। किसी भी अनहोनी हलचल अथवा घटना की पूर्व सूचना प्रकृति तो अवश्य दिया करती है।

बाक़ी जवान गाँव का चक्कर लगा रहे हैं। थोड़े–थोड़े समय पश्चात् नकारात्मक सूचना उसे दे जाते हैं। अभी तक उस विद्रोही कर्नल के परिवार का भी पता नहीं चल सका।

अब उसका अर्दली आँगन में प्रवेश करता है। उसका चेहरा जोश से चमक रहा है। कैप्टन का अंग–प्रत्यंग कस जाता है, चौकस हो जाता है, हाँ, उसकी आत्मा ख़तरे के सिगनल बड़ी धीमी गति से दे रही है।

वह उठकर उसके पास जाता है। जवान सूचना देता है कि गाँव के एक दुकानदार ने विद्रोही कर्नल की बहन उसे दिखा दी है। जवान देखने में इतना सादा और मूर्ख है कि लोग बहुत जल्दी उसे अपने दिल की बात बता देते हैं, विश्वास में ले लेते हैं। फिर अर्दली ने दुकानदार को धमकी दी थी कि उधर रात तक विद्रोही पकड़ा न गया तो कैप्टन गाँव के प्रत्येक घर को आग लगा देगा, वहाँ के सब निवासियों को मार डालेगा और चुपचाप लौट जायेगा। व्यापारी वर्ग के मन में भय शीघ्र व्याप्त होता है। विद्रोही कर्नल की बहन उसी समय दुकान के सामने से गुज़री और दुकानदार ने उसकी ओर संकेत करके उसे दिखा दिया था। जवान उस लड़की के पीछे उसका घर भी देख आया है।

कैप्टन ने सब जवानों को उस आँगन के बाहर तैनात हो जाने की आज्ञा दी। सबने बन्दूक़ों पर की संगीनों को सीधा युद्ध–मुद्रा में कर लिया है, हवलदार एल.एम.जी. के साथ तैयार होकर दरवाज़ा रोककर खड़ा हो गया है।

दो जवान उस लड़की को पकड़कर वहाँ ले आये। लड़की चेहरे–मोहरे से पढ़ी–लिखी नज़र आती है। मिशनरी लोगों ने विद्रोह की भावना के साथ–साथ इस क्षेत्र में शिक्षा का प्रचार भी किया है। गाँव के सब लोग आँगन में बाहर एकत्र हो चुके हैं। वातावरण में विस्फोटक शान्ति फैल गयी है।

कैप्टन ने चारपाई से उठकर लड़की का स्वागत किया। वह बिल्कुल भी भयभीत दिखायी न दे रही थी। अवज्ञा का भाव उसके चेहरे के तने हुए नैन–नक़्श से झलक रहा है। उसने बैठने से इनकार कर दिया।

वह प्रतीक्षा कर रही है, कैप्टन कोई प्रश्न पूछे, कोई धमकी दे परन्तु नहीं वह बिल्कुल चुप है। अचानक लड़की की निगाह उसके कान की फड़फड़ाती हुई नस पर पड़ी। कितनी गति से धड़क रही है। उसके चेहरे पर बढ़ आयी दाढ़ी के कांट्रास्ट में पीली–पीली आँखें इतनी स्थिर क्यों हो गयी हैं? वह अब भी प्रतीक्षा कर रही है, कैप्टन अब भी चुप है। और अचानक उस लड़की को प्रतीति हुई, आभास हुआ कि यह जो सामने बैठा है, मानव तो है ही नहीं। उसकी आँखें अनगिन हैं, उसके अंग शिथिल हैं, मात्र कान के नीचे की फड़कती हुई नस उसके जीवित 'होने' का, आदमी होने का प्रमाण है।

और अचानक वह तेज़ आवाज़ में पूछती है कि उसे पकड़कर यहाँ क्यों लाया गया है। वह अपनी ही तीखी और ऊँची आवाज़ से डर गयी है। उसके चेहरे पर से अवज्ञा का भाव लुप्त हो गया है।

लड़की के नथुनों में वहाँ पर फैल रही उस कैप्टन के शरीर से निकल रही हिंसक बू बड़ी तेज़ी से प्रवेश कर रही है। उसके शरीर के बाह्य आवरण को इस आदमी ने भेद लिया है। उसके अंग–अंग को एक्स–रे किरणों–सी उसकी आँखों की रोशनी छेदे डाल रही है। वह फिर बिना पूछे सूचना देती है कि विद्रोही कर्नल उसका भाई अवश्य है परन्तु वह गाँव में नहीं है।

सामने बैठे जंगल–मन की आँखों में गति आ जाती है। वह लड़की को मात्र एक वाक्य में बताता है कि आधे घण्टे के अन्दर भाई को यहाँ ले आये।

उसकी आवाज़ सुनकर वह सुन्न हो जाती है। वह आवाज़ उस कैप्टन की नहीं, लड़की की अपनी आत्मा की है जो उसे आज्ञा मानने की सलाह दे रही है।

इस बार लड़की अंग्रेज़ी में बताती है कि वह कुछ नहीं जानती। कैप्टन आश्वस्त हो जाता है। तो यह लड़की अंग्रेज़ी पढ़ी–लिखी है। बाहर सभ्य समाज से इसका निकट सम्पर्क हो चुका है, फिर तो इसे बहुत जल्दी टूट जाना चाहिए, पराजय...स्वीकार कर लेनी चाहिए।

कैप्टन अब उसके शरीर की ओर देख रहा है। लड़की को स्पष्ट महसूस हुआ कि उसकी आँखों के तेज़ चाकू ने उसके शरीर पर के कपड़े काट दिये हैं। क़मीज़ टुकड़े–टुकड़े होकर नीचे गिरी, फिर स्कर्ट और उसके बाद

एक–एक करके नीचे पहने हुए सारे कपड़े। उसका अंग–प्रत्यंग नग्न हो गया है। कैप्टन के शरीर से निकल रही हिंसक बू उसके शरीर में प्रवेश कर गयी है। कैप्टन की आँखों, हाथ, नाख़ून, फड़कती हुई नस, शिथिल हाथ, पीली तेज़ किरणें अब उसे घायल किये जा रही हैं। अंग–अंग को चीरे--नोचे जा रही हैं। कैप्टन के मन में, उसकी आत्मा में घट रहा आने वाला दृश्य धीरे से उठा और लड़की के शरीर, आत्मा में व्याप गया।

कैप्टन ने मात्र एक वाक्य में धीरे–से उसे सूचित किया कि उसके साथ तीस जवान हैं। और फिर तीस छोटे–छोटे दृश्य उसके मन में घर करके बैठ गये। लड़की ने अपने शरीर पर हाथ फेरा। नहीं तो। कपड़े वैसे के वैसे पहने हुए हैं, शरीर पर कहीं कोई निशान नहीं, घाव नहीं और फिर कैप्टन अपने स्थान से हिला तक नहीं। क्या हुआ। उसकी आत्मा के डार्क–रूम में इतने सारे चित्र क्योंकर उतर गये हैं? यह आदमी उस पर अत्याचार क्यों नहीं करता, उसको नोच डाले, मार डाले तो शायद जो भय की छाया उसकी आत्मा में बैठ गयी है, वह समाप्त हो जाये। जो नहीं हुआ, जो है नहीं, उस काले भविष्य क्षण से वह कब तक जूझ सकती है, द्वन्द्व कर सकती है, संघर्षरत रह सकती है। यह आदमी ग़ुस्से से चीख़ता क्यों नहीं, कुछ करता क्यों नहीं?

और लड़की के अपने शरीर से अनजानी पुकार उठ रही है। मुझे घायल कर दो, मुझे नोच डालो, मेरे ऊपर आक्रमण करो, मुझे रौंद डालो, मेरा अंग–प्रत्यंग घायल कर दो, मुझे वह घातक सुख दो जिसका प्रारम्भ यह हिंसक बू है और अब उसके मस्तिष्क का, सहज ज्ञान का कवच खण्ड–खण्ड हो चुका है।

कैप्टन ने फिर उसे बाहर जाकर आधे घण्टे के अन्दर अपने भाई को वहाँ पर ले आने की आज्ञा दी।

लड़की के हाथों ने यान्त्रिक ढंग से कपड़े सँभाले हालाँकि उसे किसी ने छुआ तक न था और फिर किसी वशीकृत प्रेतात्मा की तरह वह धीरे से उस आँगन में से बाहर चली गयी। कैप्टन ने दो जवान उसके साथ भेजे। कोई उस लड़की से बात भी न करने पाये।

बाहर जमा हुई भीड़ ने जब लड़की को ठीक–ठीक बाहर जाते हुए देखा तो उनके तने हुए चेहरे और शरीर ढीले पड़ गये। कैप्टन को पता चल गया कि अगर वह लड़की को छू तक भी लेता तो आज ख़ून–ख़राबा हो जाता।

उसने जवानों को बिल्कुल सतर्क हो जाने की आज्ञा दी। कुछ को बाहर जाने वाले रास्ते पर फैल जाने को कहा।

लड़की बीस मिनट में लौट आयी है। उसके साथ आ रहा आदमी बड़ी चुस्त–दुरुस्त चाल से चल रहा है। कैप्टन ने उसे देखा और उसके कान के नीचे की नस फड़कना बन्द हो गयी। हाँ, वही है और उसके अन्दर का एक खोखला ख़ाली स्थान उस आदमी की उपस्थिति से भर गया।

उस विद्रोही कर्नल ने कैप्टन को फ़ौजी सलाम किया। अंग्रेज़ी में कैप्टन को कहा कि वह एक सैनिक है, अपने अधिकारों के लिए लड़ रहा है। कैप्टन स्वयं भी एक सैनिक है। एक सैनिक को दूसरे सैनिक की बहन के साथ ऐसा व्यवहार नहीं करना चाहिए था।

कैप्टन ने उसे बताया कि उसने उसकी बहन के साथ किसी प्रकार का कोई व्यवहार नहीं किया।

विद्रोही ने बहन की ओर देखा। लड़की ने कैप्टन की बात को सिर हिलाकर हामी भरी। वह कैसे बताती कि बिना छुए, बिना पास आये, इस कैप्टन ने उसका शरीर, उसकी आत्मा क्षत–विक्षत कर डाली थी।

उस विद्रोही के चेहरे पर पूर्ण पराजय का भाव व्याप्त हो गया है। वह जानता है, उसकी बहन साधारण बातों से, साधारण व्यक्ति से डरने वाली नहीं। इस आदमी ने अवश्य उससे 'कुछ' किया होगा। यह आदमी जिसे आज पहली बार देख रहा है, जाने किस प्रदेश से आया है, यही उसकी नियति का संचालक है। यही अन्त है और उसकी अन्तरात्मा ने हथियार डाल दिये।

वह चुपचाप वापस चल पड़े हैं। कैप्टन सैनिकों को बहुत धीमी गति से चलने के लिए कहता है। भीड़ में कभी तेज़ चाल से नहीं चलना चाहिए, वह कभी भी आक्रमण कर सकती है। गाँव के लोग विद्रोही की ओर से किसी संकेत की प्रतीक्षा कर रहे हैं, परन्तु वह झुके धनुष की तरह चुपचाप इनके साथ चल पड़ा है। लोग रास्ता छोड़ देते हैं।

जिन लोगों को आती बार पकड़ा गया था, उन्हें मुक्त कर दिया जाता है। अब इनसे किसी बात का ख़तरा नहीं। गाँव के पास कहीं पर भी रात को ठहरने का सवाल ही नहीं उठता। वह लोग छापामारों की सहायता से विद्रोही को छुड़ाने की चेष्टा कर सकते हैं। ब्रिगेड कमांडर को सफलता की सूचना दी जाती है। साथ ही अगले दिन एक विशेष स्थान पर हेलिकॉप्टर

भेजने की प्रार्थना कैप्टन करता है। इतने महत्त्वपूर्ण क़ैदी के साथ इतनी लम्बी यात्रा पैदल तय करना ख़तरे से ख़ाली नहीं।

कैप्टन सबके पीछे चल रहा है। विद्रोही का चेहरा मन के स्मृति कपाटों से बार–बार टकरा रहा है, किसी और की याद दिला रहा है, और कौन–कौन हो सकता है, और चलते–चलते वह थम गया। शरीर में खिंचे धनुष–सा तनाव आ गया। हाँ, उसे उस विद्रोही का चेहरा अपनी मृत माँ की याद दिला रहा है।

हाँ, तब वह बहुत छोटा था। मात्र तीन वर्ष का। उसकी माँ की हँसी बहुत घातक थी। जब वह हँसती थी तो उसके शरीर के छोटे–छोटे अंग तन जाते थे, रोम–रोम खड़ा हो जाता था और उसी समय माँ का दूध पीने, उसका स्तन–पान करने की अदम्य इच्छा शरीर में, मन में व्याप्त हो जाया करती थी। पेट भरा होने पर भी वह ज़ोर–ज़ोर से चिल्लाना आरम्भ कर देता था।

माँ के कटे हुए भूरे बालों को वह छोटे–छोटे हाथों में पकड़कर ज़ोर से खींचता था, वह और ज़ोर से हँसती थी। वह उसके स्तनों को छोटे–छोटे दाँतों से और ज़ोर से काटता था, वह और ज़ोर से हँसती थी।

तब शब्द उसके लिए अर्थहीन थे। लेकिन उसकी स्मृति बहुत तीव्र और लम्बी है। पिता ने उसे छोटी–सी एयरगन लेकर दी थी तो बन्दूक़ शब्द उसके मन में उतर गया था। जिस गाड़ी में वे जंगल में घूमते थे, उसे जीप कहते हैं। जब भी बार–बार सुनने पर उसे नया शब्द याद हो जाता था, वह उसे अपने अवचेतन मन में बोलता रहता था, मुसकुराता रहता था और मस्तिष्क के किसी किनारे में सँजोकर रख लेता था।

उसके पिता बहुत कम बोलते थे, उसे अच्छे लगते थे। वह घर में किसी ओर भी जायें तो वह जासूसों की तरह छोटे–छोटे क़दमों से उनके पीछे चलता रहता था। माँ जिस स्टोव पर चाय बनाती थी, उसमें से निकलती आग की लपटें उसे अब भी याद हैं। किसी लोहे की चीज़ से आग निकलती देखकर वह सदा तालियाँ पीटा करता था।

फिर उसने एक नया शब्द सीखा। अंकल। मम्मी ने बताया था। कोई उनके घर आकर ठहरा था। पापा उन दिनों बाहर बाग़ में बैठे थे, उसकी एयरगन से परिन्दे मारते थे।

फिर बैठक में नीचे पापा आज पहली बार बहुत ऊँचा बोल रहे थे। उनके कान के नीचे की नस लगातार फड़क रही थी। माँ चुप थी और फिर अचानक वह बहुत ज़ोर से हँसी। खिड़कियों, दरवाज़ों, फूलदानों तथा मेज़–कुर्सियों में हँसी की छोटी–छोटी लहरें घूम गयीं। पापा ने ऊँचा बोलना बन्द कर दिया। उसने नन्हे हाथ उठाकर माँ की ओर चलना आरम्भ कर दिया। फिर माँ ने उसके मुँह में स्तन डाले, उसने ज़ोर से काटा। उसके भूरे बालों को पकड़ लिया, ज़ोर से खींचा। माँ फिर ज़ोर से हँसी। उसका रोम–रोम खड़ा हो गया था। वह दाँतों को उसके स्तनों में गड़ाये जा रहा था, माँ उसके शरीर को ज़ोर से दबाकर कुचले जा रही थी।

फिर माँ अपने कमरे में चली गयी थी। पापा उस नये कमरे में जहाँ लोहे की चीज़ पर चाय बनती थी। उसे उठाकर बाहर ले आये। वह जासूसों की तरह उनके पीछे–पीछे चल रहा है।

फिर पापा जीप के पास आये। हाँ, जीप शब्द तो वह जानता है। पापा ने लोहे की वह चीज़ जिससे आग निकलती थी, उल्टी कर दी। अन्दर से कुछ गिरा। पानी शब्द का भी उसे पता था। वह प्रसन्न हुआ। फिर पापा ने एक लम्बी–सी रबड़ की नाली जीप के अगले भाग में डाली और मुँह में डालकर साँस खींचा।

अब उस नाली से कुछ निकल रहा है। 'पानी' उसके मस्तिष्क से छोटे–से शब्दकोष ने अर्थ निकाला। फिर उस लोहे की जलने वाली चीज़ से पापा ने वह नल्की डाल दी। 'पानी' उस जलने वाली चीज़ से भर गया। उसने देखा कि कान के नीचे वाली नस बड़े ज़ोरों से फड़क रही है। फिर पापा ने वह लोहे की जलने वाली चीज़ वहीं पर वापस लाकर रख दी जहाँ माँ चाय बनाया करती थी। वह जासूसों की तरह पीछे चलता हुआ पापा के सारे कार्यों को देख रहा था।

उसके मस्तिष्क में नये अनबूझ, अर्थहीन, ध्वनिहीन शब्दों का बवन्डर उठ खड़ा हुआ था, परन्तु तब वह न शब्दों के अर्थ जानता था न उन्हें बोलना। माँ अन्दर गयी थी। उसने उसके पीछे जाकर ग़लत चीज़ को देखना चाहा था। पर आज पापा ने वहाँ न जाने दिया था।

उसने आज तक माँ की हँसी सुनी थी। आज पहली बार चीख़ सुनी। खुले दरवाज़े से देखा। उस जलने वाली चीज़ के साथ माँ भी जल रही है, उसके कटे हुए बालों से आग की लपटें निकल रही हैं और पापा अपने

स्थान पर कसकर बैठे हुए हैं और फिर एक धमाके के साथ लोहे की जलने वाली चीज़ फट गयी थी। अचानक पिता के कान के नीचे वाले स्थान को उसने देखा था, वह नस अब वहाँ पर निश्चल थी, हिल नहीं रही थी।

फिर बहुत वर्षों के पश्चात् उसे पता चला था कि जीप में से पानी नहीं पेट्रोल निकला करता है। उसे लोहे की जलने वाली चीज़ को स्टोव कहते हैं। उसमें तेल डाला जाता है, पेट्रोल नहीं। लेकिन जब इन शब्दों का अर्थ उसे पता चला था तब तक पापा भी मर चुके थे।

हाँ, इस विद्रोही को देखकर माँ की याद ठीक ही आयी है। इतने वर्षों के अन्तराल के पश्चात् भी दोनों दृश्य एक होने के लिए, जुड़ने के लिए धीरे–धीरे पास आ रहे हैं। अचानक उस विद्रोही की नियति का पता उसे चल जाता है। हाँ, मृत्यु घुटने टेककर उसके चेहरे पर बैठी हुई है। यह तो साक्षात्कार होते ही उसने देख लिया था। लेकिन नहीं, वह उसके अन्त तक का, भविष्य का कर्ता क्योंकर हो सकता है?

चारों ओर फैला जंगल धीरे–धीरे सिकुड़ा जा रहा है। उसका सारा गहन, व्यापक, मूक, बधिर और अन्धा अन्धकार सिमटकर एक बिन्दु बन गया है और उसके अन्दर प्रवेश कर गया है। जंगल में बनी पगडण्डियाँ अपने स्थान से उठीं और उसके अन्दर स्थित हो गयीं। सब पशु–पक्षी, पेड़–पौधे, फूल–कँटीली झाड़ियाँ, अथाह फैलाव, व्यापक शान्ति वह जी रहा है, भोग रहा है।

यह बात उसे चौंका नहीं रही है। जंगल तो आरम्भ से उसका आत्मीय रहा है। सबसे पहला यही शब्द था जो उसने ग्रहण किया था। पिता वन विभाग में बहुत बड़े अधिकारी थे। उसका जन्म एक तम्बू में हुआ था। वह अनुभूति आज भी सुरक्षित है, ताज़ा है जो पहली बार आँखें खोलने पर उसे प्राप्त हुई थी। शिशु–आँखें माँ के शरीर को ग्रहण न कर सकी थीं। लेकिन तम्बू के बाहिर फैले हुए जंगल से उसका सम्पर्क, तादात्म्य उसी क्षणांश में हो गया था। कटे हुए आकाश का कुछ टुकड़ा, पेड़ों के हिलते पत्ते, खलाव में उड़ता पक्षी, यह पहले चित्र थे जो उसके मन में उतर गये थे। तभी तो जंगल में उसे कभी अकेला महसूस नहीं होता, भय नहीं लगा, जंगल उसका सखा है।

उसका सैनिक अर्दली अब उसके साथ चल रहा है। वह कोई बात करना चाहता है। कैप्टन जानता है, इस त्रासदी के अगले दृश्य से पर्दा

उठने वाला है। अर्दली उससे पूछता है कि सरकार इस विद्रोही को फाँसी पर तो अवश्य चढ़ायेगी। उसने बीस सैनिकों को मारा था उसके भांजे को भी मारा था।

कैप्टन उसे समझाने की चेष्टा करता है कि विद्रोही एक प्रकार का राजनीतिक बन्दी है। सरकार शायद उसे कोई भी दण्ड न दे पाये अथवा कुछ वर्षों के लिए जेल भेज सकती है।

अर्दली हैरान हो जाता है। कहता है कि यह तो ठीक नहीं। विद्रोही ने उसके भांजे का ख़ून किया था। उसे तो मृत्युदण्ड मिलना चाहिए।

कैप्टन उसे बताता है कि यह बात तो ठीक है, पर कैप्टन क्या कर सकता है। उसका काम तो उसे पकड़ना था।

अब अर्दली का चेहरा नीचे झुक गया है। वह किसी गहरी सोच में डूब जाता है।

कैप्टन उसके मन के द्वार को थोड़ा–सा खोलता है। बताता है कि यदि विद्रोही आत्मसमर्पण न करता तो उसे मारा जा सकता था। हाँ, अगर अब भी वह भागने की चेष्टा करे तो कैप्टन उसे गोली मार देगा।

थोड़ा आगे चलने पर उस अनपढ़ और मोटी बुद्धि वाले जवान के पाँव ठिठक गये। बात उसको ज़रा देर से समझ में आया करती है। उसके मन में जैसे बटन दबाने से बिजली का बल्ब जल गया, प्रकाश हो गया है, कैप्टन के मन में उठ रही बात, गुप्त संकेत स्पष्ट हो गया है। वह काँप जाता है। उसका साहब आदमी नहीं, कुछ और है, प्रेत है। वह अब और अधिक इसका निजी अर्दली नहीं रहेगा। जाते ही किसी और काम पर लगाये जाने के लिए प्रार्थना करेगा। उसकी आँखों में आ गयी ज्ञान की चमक को कैप्टन ने भी देख लिया है। वह आश्वस्त हो गया।

रात का पड़ाव डाला जाता है। एक जवान को पहरे पर रखने की बात तय होती है। अब यह लोग गाँव से बहुत दूर आ चुके हैं, छापा पड़ने की सम्भावना नहीं। फिर जवानों के लिए आराम करना आवश्यक है। कैप्टन अपने सैनिक अर्दली को पहले चार घण्टों के लिए पहरे पर तैनात करता है। सब पीठ पर से सामान उतारकर सुस्ता रहे हैं। विद्रोही कर्नल को भी डिब्बों का सूखा भोजन दिया जाता है।

आँखें मूँदने से पहले कैप्टन अपना रिवाल्वर खोलकर देखता है। ठीक है। पूरी गोलियाँ भरी हुई हैं। न चाहने पर भी जाने कब उसकी आँखें खुल जाती हैं।

किसी पक्षी की पेड़ पर फड़फड़ाने की आवाज़ आती है। फिर सब कुछ चुप हो जाता है। कैप्टन उठ बैठता है। यह पक्षी सोते हुए अपने स्थान से क्यों हिला। फिर क्षण भर में शान्त क्यों हो गया? किसी जंगली पशु अथवा शिकारी पक्षी की उपस्थिति का आभास होता तो परिन्दा चुप न हो जाता। आर्तनाद करता और पक्षियों को होशियार करता। उसने अवश्य किसी आदमी को चलते देखा है तभी निडर होकर दोबारा डाल पर सो गया है।

सोने से पहले उसने उस स्थान को मार्क कर लिया था जहाँ विद्रोही सोया था। वह स्थान अब ख़ाली है। विद्रोही भाग निकला है। परन्तु कैप्टन निश्चित है। उस ओर देख रहा है। जंगल से संकेत आना आरम्भ हो जाता है। एक ओर के पेड़ों की ऊपर वाली टहनियों के पत्ते विद्रोही के चलने की चमक से धीरे–धीरे काँप रहे हैं, बेतार को तार के सिगनल दे रहे हैं। अब धीरे से लम्बा चक्कर काटकर उस रास्ते पर बहुत पीछे पहुँच जाता है जिधर से वे आये थे। सोने से पूर्व उसने इस रास्ते का सर्वेक्षण कर लिया था। यह दृश्य तो उसके मन में पहले से ही स्पष्ट था। वह एक चट्टान के पीछे प्रतीक्षारत खड़ा है। विद्रोही उसी ओर दबे क़दमों से बढ़ रहा है। वह उससे थोड़ी दूर पर थम जाता है। क्या उसे आ रही मृत्यु का आभास हो चुका है? मृत्यु के क्षण तो बहुत सचेतन होते हैं। अब वह चट्टान के पीछे से निकलकर विद्रोही के सामने आ गया है। विद्रोही अपने स्थान पर शिथिल हो गया है।

कैप्टन उसके चेहरे को देखता है, मृत्यु से पूर्व ही मृत्यु प्राप्त किये शरीर को देखता है और फिर जाने कहाँ से मृत माँ की हँसी उसके मस्तिष्क के बन्द कमरे में लहरा जाती है। यह दाँतों से उसके स्तन को बहुत ज़ोर से काटता है और एक गोली की आवाज़ का विस्फोट उस जंगल की शान्ति को खण्ड–खण्ड कर देता है। लाखों–करोड़ों पक्षी काँय–काँय की आवाज़ के साथ ऊपर उड़ते हैं, आकाश कई स्थानों पर उनसे ढँक गया है, काला पड़ गया है। विद्रोही का शरीर क्षण–खण्ड के लिए इधर–उधर झूलता है और फिर वह वहीं पर गिर पड़ता है। गोली उसके दिल के आर–पार गुज़र गयी।

सब जवान वहाँ पहुँच गये हैं। फटी–फटी आँखों से मृत विद्रोही को देख रहे हैं। सब सुख की साँस लेते हैं कि कैप्टन ने उसे मार दिया।

अगर वह भागने में सफल हो जाता तो सबको कोर्ट मार्शल का सामना करना पड़ता।

उसकी मृत देह को उठा लिया जाता है। साथ ले जाया जाता है। अर्दली उसके साथ–साथ चल रहा है। वह भयभीत है। लेकिन कैप्टन उसके विरुद्ध लापरवाही की रिपोर्ट नहीं करेगा। विद्रोही को अर्दली ने थोड़ा भागने दिया था। वह यह सब तो कैप्टन ने स्वयं किया था। उस मोटी बुद्धि के जवान के मस्तिष्क पर, उसकी आत्मा पर तो कुछ समय के लिए कैप्टन का अधिकार था।

अचानक वह निर्णय कर लेता है कि अब वह इस क्षेत्र से तबादले के लिए प्रार्थना–पत्र देगा। इस निर्णय के साथ ही उन बीस मृत जवानों के शव उसके कन्धे पर से उतर जाते हैं। सारा जंगल, पेड़–पौधे, पशु–पक्षी, काँटे, झाड़ियाँ, माँ की घातक हँसी उसकी आत्मा से बाहर निकल जाती है और सारा का सारा जंगल और अन्धकार फिर से बाहर अपने स्थान पर स्थित हो जाता है।

पराया चेहरा

"लो भाई, माता जी आ गयीं।" यह सुनकर पल भर के लिए भी उसके पाँव ठिठके नहीं। लम्बे अभ्यास के कारण वह सदा ऐसे वाक्य सुनकर कुछ भी महसूस नहीं करती सिर्फ़ सामने देखते हुए उसी चाल से आगे बढ़ जाती है। उसे पता है कि गति में ज़रा भी फ़र्क़ आया तो पीठ पीछे क़हक़हा बुलन्द होगा। शुरू में कान तक सुर्ख़ हो जाते थे, जी चाहता था कि भरी बन्दूक़ हो तो धाँय से कहने वाले को गोली मार दी जाये।

कॉलेज में लड़के उसे 'माता जी' ही कहते हैं। पहले साल के लड़के अधिक खोजी प्रकृति के होते हैं, इसलिए हर साल कोई नया नाम डालने की मुहिम शुरू होती है पर अन्त में सीनियर लड़कों का दिया नाम ही अधिक लोकप्रिय (उसको नहीं) होता है।

होंठों से लेकर आँखों का ऊपर तक का भाग अन्दर को दबा–सा है जिसके अनुपात में माथा कुछ आगे को उभरा हुआ है। पीतल के बर्तन में ठोकर लग जाने से जो गढ़ा पड़ जाये, उसे पंजाबी में चिब्बी पड़ना कहते हैं। यार लोग उसके चेहरे को देखकर चिब्बी भी कह डालते हैं।

वह जानती है, वह मात्र असुन्दर ही नहीं बल्कि उसे देखकर लोगों के मन में पहला भाव जो आता है, वह अरुचि का होता है। इसलिए वह आरम्भ से ही पढ़ाई में बहुत–बहुत मेहनत करती रही है। दसवीं के बाद ही नौकरी की, प्राइवेट परीक्षाएँ दे–देकर एम.ए. भी कर डाली और अपने शहर के कॉलेज में प्रोफ़ेसर भी बन गयी। इस दरमयाने शहर की वह पहली एम.ए. पास लड़की है।

वह जानती है, उसके बारे में साथ के लोग भी वैसे ही रिमार्क कसते हैं जैसे कि लड़के। अंग्रेज़ी के प्रोफ़ेसर को अपने कानों से कहते सुना था, 'जब यह विरह आदि के बारे में पढ़ती है तो क्या ऐसा नहीं लगता जैसे कोई जल्लाद फाँसी पाये क़ैदी को जीवन लम्बा करने के नुस्ख़े बताये।'

और यह सारी बातें सुनकर उसमें अब किसी प्रकार का क्लेश अथवा क्रोध नहीं व्यापता। हीन भाव तो दूर की बात है, अब अपने रूप–रंग को लेकर उसमें एक प्रबल भाव आ गया है और इस सबका फल यह हुआ कि वह भूखी शेरनी की तरह वाद–विवाद में कूद पड़ती है। मर्द लोग आमतौर पर सेक्स की ओर बातचीत मोड़कर अपनी धाक जमाना चाहते हैं और वह किंसले रिपोर्ट आदि का ब्यौरा देकर इस बारीक़ी से सेक्स पर प्रकाश डालती है कि बात शुरू करने वाला शर्म या ग़ुस्से की वजह से लाल हो जाता है।

हिन्दी पढ़ाती है, फिर भी इसके लेखकों के विरुद्ध ज़हर से भरी पड़ी है। बदसूरत लोगों पर लिखेंगे तो भी कल्पना की चौखट से आगे नहीं बढ़ पायेंगे। कोई न कोई नायक पैदा कर ही डालेंगे जो बलिदान की भावना से भरा पड़ा ऐसी ही बदसूरत लड़की की तलाश में जैसे भटक रहा है, बस मिलने भर की देर है, फिर नीत्शे, कामू आदि का अधकचरा ज्ञान बघारकर दोनों फ़िट और बेचारा सीमित–ज्ञानी पाठक ज्ञान के बोझ से धराशायी। सीधी बात यह है कि मर्द बदसूरत औरत के पास फटकना तो दूर उसकी और दोबारा आँखें उठा कर देखेगा भी नहीं।

और इस सबका प्रभाव यह हुआ कि वह कठोर, अनुशासनप्रिय और बड़े पक्के निश्चय की महिला हो गयी है। वेतन, ट्यूशन आदि के द्वारा एक भाई को डॉक्टरी करवायी, दूसरा अकाउंटेंट का कोर्स कर रहा है तथा पिछले महीने छोटी बहन का विवाह भी करवाया है। सारा शहर इस बारे में जानता है कि वी. भल्ला न होती तो इस परिवार का कोई भी सदस्य आगे न बढ़ पाता।

कॉलेज से आज वह जल्दी आ गयी है, कुछ सिरदर्द था। माँ ने आगे बढ़कर किताबें थाम लीं, हाल–चाल इतने ज़ोर–शोर से पूछा जैसे उनकी बेटी न हो कोई मेहमान रही हो। माँ–बेटी को साथ–साथ देखकर यह वहम न होता था कि उन दोनों में यह सम्बन्ध हो भी सकता था। माँ पैंतालीस वर्ष के आसपास है, शरीर भरा–भरा–सा है, चाल में अब भी वह सुस्ती है तो थकावट नहीं बल्कि दूसरी कई वजहों से है। वी. भल्ला निर्वस्त्र हो जाये तो उन स्थानों पर भी मांस मात्र नाम को है जहाँ उसका होना ज़रूरी होता है। वैसे अभी डेढ़ वर्ष पूर्व ही वी. भल्ला को एक छोटे–से भाई की बहन बनने, उसके भी भविष्य की चिन्ता करने का भार प्राप्त हो चुका है।

उसने गुसलख़ाने का दरवाज़ा बन्द किया और धीरे–धीरे कपड़े उतारे, जो गीली गर्मी में बदन से चिपक–से गये थे। एक स्टूल खींचकर आदमक़द शीशे के सामने बैठ गयी और रोज़ का खेल शुरू हो गया। वह थोड़ी देर शीशे को घूरकर देखती रही और धीरे से उसकी आँखें चेहरे पर से ग़ायब हो गयीं। उन छोटी–छोटी आँखों की जगह एक जोड़ा काजलधार से खिंची आँखें आकर बैठ गयीं। शीशा थोड़ा–सा मुसकुराया और फिर उसकी प्रिय अभिनेत्री का नाम आकर वहाँ फ़िट हो गया। होंठों के बारे में उसका चुनाव सदा से अपना अलग रहा है। होंठ वहाँ से सरके और आकर वह लगे जो केवल आधे मुसकुराते हैं। चेहरे के बदलने के बाद अब शरीर की बारी आयी। अब वह उठी। टाँगों पर छोटे–छोटे बाल देखकर उसका सुन्दर चेहरा और छोटी–सी नाक घृणा से सिकुड़ गयी। और फिर भिन्न–भिन्न हालीवुडियन अभिनेत्रियों के चुने–चुने अंग वहाँ आ–आकर चिपक गये, उसके अंग छोटे–से सिंगारदान में बन्द हो गये। उसने इस तरह धीमे–धीमे कपड़े बदले जैसे मोम बने इन अंगों में से कहीं कोई टेढ़ा न हो जाये और फिर शरीर बदलने का यह नाटक पूरा हो गया। अब आज शाम से लेकर कल की सुबह तक वी. भल्ला कोई और जीवन जियेगी, किसी और के हाव–भाव में बात करेगी और सुबह काम पर जाते समय फिर अपना असली शरीर धारण कर लेगी। उसके जीवन में बाथरूम में बिताया वह आधा घण्टा ही सबसे महत्त्वपूर्ण तथा सुखमय है। यह ऐसा नाटक है जो रोज़ होता है, दृश्य भी हर बार यही रहता है, पात्र भी वही परन्तु हर बार एक नये आनन्द की, सुख की, छोटी–छोटी लहरें शरीर में तैर–तैर जाती हैं।

वह बाहर आयी तो माँ ने खींचकर उसका सिर अपनी गोद में रख लिया। उसे छोटे बच्चों की तरह प्यार से चुमकारने लगी। वी. भल्ला ने नाक सिकोड़ी, उसकी काल्पनिक गोरी–चिट्टी गर्दन पर माँ का हाथ लग गया था। वी. भल्ला जब भी किसी ऐसी घटना का ज़िक्र करती है जिसमें उसने किसी मर्द को पछाड़ा हो तो माँ उसे और भी शह देती है, नारी के चरित्र का बखान वह राजस्थान के इतिहास के क़िस्से बता–बता कर करती है और संयम तथा मनोबल की प्राप्ति जीवन का उच्चतम लक्ष्य बताती है।

उसकी कमाई का ही प्रताप है कि चार सालों में ही एक कमरेवाला मकान अब आनन्द–निवास बन गया है, प्रत्येक कमरे में पत्तियों में पड़े सजावट को बढ़ाने वाले पत्थर और रंग–बिरंगी बोतलें आदि नज़र आती हैं।

पिता रिटायर हो चुके हैं। दिन भर समाज में बैठे रहते हैं, छोटी–मोटी नेतागिरी का ठरक उन्हें अन्य समाजी लोगों की तरह शुरू से है। बाप–बेटी साथ–साथ खाने के लिए बैठे, पिता लाड़ में भरकर अब भी उसके मुँह में रोटी के ग्रास डालते हैं और मेरा शेर तथा राजा बेटा कहते हैं।

उसने पिता को बताया कि किस प्रकार आज जब स्टाफ़ कैंटीन में साथ के प्रोफ़ेसर ने सिगरेट लगायी तो उसने रोक दिया। उसका सिर धुएँ की बू के कारण जैसे फटने को आ गया।

'हाँ, बेटी तुमने ठीक किया। सिगरेट, शराब मन में विकार पैदा करते हैं, आदमी की प्रवृत्ति अन्धकारमयी बन जाती है तथा जीवन की सबसे बड़ी पूँजी जो कि चरित्र है, आदमी खो बैठता है।' पिता को ज्यों ही मौक़ा मिले, वह हाथ उठा–उठाकर तथा विभिन्न मुद्राओं के माध्यम से भाषण करने का मौक़ा हाथ से जाने नहीं देते। पिता यदि सेना की हिरावल पंक्ति है तो माँ पीछे से आक्रमण करने वाली छापामार टुकड़ी है, जिन दोनों के बीच वी. भल्ला शत–प्रतिशत सुरक्षित है, अपहुँचनीय है।

गर्मियों के दिन हैं। बाहर आँगन में सब लोगों की चारपाइयाँ लगी हैं। उमस और गरमी जैसे किसी रस्से से आकाश में लटका दी गयी हैं। शरीर के साथ चिपकते कपड़ों के कारण मन में अजीब दुर्भावनाएँ आ–जा रही हैं। प्रायः उसे रात को बहुत देर से नींद आती है। कालेज में किसी स्वस्थ लड़के अथवा किसी अन्य स्थान पर देखे किसी पुरुष की कोई मुद्रा मन में आ अटकती है। और फिर उस व्यक्ति के साथ किसी स्थिति–विशेष में अपने को रखकर उसके मन में किसी नाटक के कटे हुए दृश्यों की तरह घटनाएँ आती–जाती हैं। फ़ाइनल क्लास के उस लड़के का ख़याल अब आ रहा है जिसका पिता कर्नल है। इन बड़े लोगों के लड़कों का भविष्य कितना सुरक्षित है। लड़का भी पिता की तरह सेना में जायेगा। छोटे–छोटे कटे हुए बाल, हर किसी से नम्रतापूर्वक एक ख़ास दूरी रखकर बातचीत करना, यह सब कुछ बताता है कि उसमें अफ़सरी के सारे गुण अथवा बू अभी से आ गयी है। उस दिन पिकनिक में एक छोटी–सी नाली उससे पार न हो रही थी। उस लड़के ने किसी प्रकार

सहज तथा प्रयासहीन ढंग से उसे यूँ उठकर नाली के इस पार रख दिया था। बाँह में जिस स्थान पर उसका सशक्त पंजा पड़ा था लगा जैसे वहाँ अंगारे से दाग़ दिया गया हो और चलते हुए ही उसने कल्पनाओं के ताने–बाने में अपने को उसके साथ रखकर विभिन्न दृष्टिकोणों से मज़ा लेना आरम्भ कर दिया था। भ्रम तब टूटा जब साथ के लड़के ने उसे लेकर उस छोटे–छोटे बालोंवाले लड़के से मज़ाक़ किया और उस लड़के ने बड़ी उपेक्षा से कुछ ऐसा जवाब दिया था कि यह अगर पचास रुपये साथ भी दे तो इसकी 'किस' तक न लूँ।

उसने चारपाई पर करवट बदली। एक ओर लगे ब्लाउज़ पर के बटन चटाक से खोल दिये। माता–पिता भी अब साथ की चारपाइयों पर आकर लेटे हैं। उसने ज़ोर से आँखें मींच लीं, यह लोग जागता जानकर कहीं फिर लाड़–प्यार पर न उतर आयें। जाने क्यों आज के मौसम की तरह उनका प्यार कुछ सीलन तथा चिपचिपाहट युक्त लग रहा है। वह जानती है कि भीड़ में, सिनेमा से निकलते हुए वह जान–बूझकर पुरुषों के साथ रगड़ खाकर आगे बढ़ जाती है। पर उसका चेहरा इतना सपाट होता है, छोटा–सा सिर इस प्रकार तना होता है कि किसी को किसी तरह की कोई बात सोचने की आशंका तक नहीं होती है।

छोटी बहन किस प्रकार यहाँ आने पर भी पति की गोद में जा घुसने के अवसर तलाशती रहती है। वह वहाँ हो तो भी कोई परवाह नहीं। दोनों की आँखों में 'इसका क्या' वाला भाव स्पष्ट दिखायी देता रहता है। छोटी के शरीर से किसी अचीन्ही सुगन्ध की लपटें उठती रहती हैं जो मन को कसैला कर देती हैं, वितृष्णा–तृष्णा कभी इस करवट बैठती है कभी उस करवट।

रात काफ़ी बीत चुकी है। दृश्य धीरे–धीरे अदृश्य होते जा रहे हैं। सारे पात्र अपने–अपने स्थानों को लौटे जा रहे हैं, उसे अकेला तथा पराजित छोड़कर गरमी के बावजूद भी दिन भर की थकान के कारण आँखें भारी होते–होते बन्द हो गयी हैं।

अचानक आँखें खुल गयीं। क्यों? शायद पिछले पहर की ठण्डी मीठी हवा के झोंके के कारण या किसी आवाज़ के कारण? सिर घुमाकर जो देखा तो माता–पिता की चारपाइयाँ ख़ाली थीं। आँगन के साथवाले कमरे में रोशनी थी और हलकी बातचीत सुनायी दे रही थी।

अब इतनी देर गये इन लोगों को कौन सी ज़रूरी बातचीत की मुसीबत आन पड़ी है।

"मैं पूछती हूँ, तुम कुछ उसके बारे में भी सोचो। कितनी बड़ी हो गयी है। सोचती क्या होगी। और अब तो लोग भी क्या–क्या बातें करने लग पड़े हैं। और तुम्हारा यह हाल है कि इस उमर में भी।" अन्तिम वाक्य तक आते–आते उसकी खीझ प्यार–भरी झिड़की में बदल गयी थी।

वी. भल्ला की अन्य सारी इन्द्रियाँ अपना काम और स्थान छोड़कर उसके कानों में आ दुबकीं। उसे अच्छा लगा, माँ–बाप समय–असमय उसके बारे में सोचते हैं, चिन्तित रहते हैं।

"तुम तो मूर्ख हो। अब भला इसकी शादी कहाँ हो सकती है। कोई लड़का क्या इस पर हाथ रखने को तैयार होगा। फिर इतना पढ़ गयी है, यह भी मुसीबत है, वरना कोई छोटा–मोटा दुकानदार या बाबू तो मिल ही जाता।"

माँ ने इस बात का क्या जवाब दिया, इसको वह न सुन सकी पर 'परे हटो' की तीखी आवाज़ ज़रूर आयी।

बात फिर पिता ने आगे बढ़ायी, "और फिर तुमको क्या दुःख देती है। सारा परिवार, जानती हो, इसके सिर पर चल रहा है। ख़ूब लाड़–प्यार से रखो, कहीं उसे यह महसूस न हो कि हम उसकी परवाह नहीं करते।"

धीरे–धीरे बीते दिनों के दृश्य काँच की तरह उसके सामने आ–आकर टूट गये। माँ की मुस्कान के पीछे, पिता के प्यार की ओट में यह सब कारण हो सकते हैं। इसकी कल्पना–मात्र ही उसे बड़ी निर्दयता से नंगा कर गयी। धागे टूटी कठपुतलियों की तरह वह अपने ही बोझ के ज़ोर से लड़खड़ाकर गिर पड़ी। लोगों के सामने उसकी प्रशंसा के पुल, माँ की गोदी में खिंचा लम्बा पड़ा उसका सिर, यह सब क्या रेत के समूह थे जिनमें वह जल–कण खोजती अब तक चुप थी। किसी पहेली के टुकड़ों की तरह सारी बातें धीरे–धीरे अपने स्थान पर आकर फ़िट हो गयीं। साथ के शहर के बड़े कॉलेज में उसे नौकरी मिल गयी थी, वेतन भी सौ रुपया अधिक था पर माँ–बाप ने कितना विरोध किया था, वह नहीं गयी। हाय, हमारी बच्ची भला होस्टल के खाने खा सकती है? क्या बात करते हो जी? और इस सबके पीछे क्या उसे ब्लैकमेल नहीं किया जा रहा था?

माँ–बाप बाहर आये हैं। माँ अपनी साड़ी ठीक करती–करती चारपाई पर आ लेटी है। लेटते ही उसने आँखें मूँद ली हैं। नग्न चाँदनी में उसका सन्तुष्ट चेहरा देखकर वी. भल्ला के शरीर में आग लग गयी। उसके अन्दर बैठी दूसरी वी. भल्ला चुपचाप उठी और जंगली बिल्ली की तरह उछलकर माँ की छाती पर सवार हो गयी। अपने भयंकर पंजों से पहले उसने माँ का मुँह नोच डाला, फिर उसके कपड़ों को चिथड़े–चिथड़े कर डाला और उछल–उछलकर उसके अंग–प्रत्यंग पर प्रहार करना शुरू कर दिया। कर, और कर। मुझ कोखजली से तेरा यह व्यवहार, तू मुझे, अपनी सन्तान को ही खा जायेगी, तेरी अब भी भूख शान्त नहीं हुई और मुझ एक बूँद जल की प्यासी को तुम दुनिया भर की शिक्षा देती फिरती हो। माँ जब बिल्कुल लहूलुहान हो गयी तो दूसरी वी. भल्ला उसकी छाती से उठी और इठलाती हुई उसके शरीर में वापस लौट आयी। नंगी चाँदनी अब भी माँ के सन्तुष्ट चेहरे को कुरूप किये जा रही है। उसने दोनों हाथों को साड़ी पर रगड़कर साफ़ किया जो पसीने की वजह से चिपचिप कर रहे हैं।

सुबह होने में अभी देर है। लेकिन चाहने पर भी वह उठकर इस समय बाथरूम में नहीं जा सकती, अगर उनको यह पता चल गया कि यह अभी जाग रही थी तो...? वह आँखें बन्द नहीं कर पा रही है। जंगली बिल्ली ख़ून–सने पंजों को चाटकर माँ के शरीर पर आक्रमण करने के लिए वहशी नाच नाचते हुए सामने आ जाती है।

रोशनी की किरणें दबे पाँव आँगन में आ गयी हैं। वह उठी और बाथरूम में जा बैठी। उसने आईने की ओर पीठ रखकर कपड़े उतारे। रोज़ की तरह कल शामवाली सुन्दर आँखें, गर्वित नासिक, वक्र मुस्कान वाले होंठ तथा शरीर के अन्य अंग उतारकर उसे अलमारी में रखने हैं। अपने रोज़ काम पर जाने वाले अंग पहनने हैं और चुपचाप तैयार होना है।

वह मुड़ी, धक्क से स्टूल पर बैठ गयी। यह क्या? वह उसके अंग कहाँ गये! यह छोटा–सा माथा, अन्दर धँसी आँखें तथा काले होंठ यहाँ क्या कर रहे हैं! कल शामवाले अंग उसने उतारकर अभी सँभालकर रखने हैं। उसने आँखें बन्द करके उनका स्मरण किया लेकिन कुछ नहीं हुआ जैसे कटी लाशों की तरह खिड़कियों से, रोशनदान से वह बाहर उड़ गये हैं। वक्ष भी कितना सपाट है और अब उसकी आँखों में ख़ून उतर आया है।

यह किसका चेहरा काटकर उसके शरीर पर चिपका दिया गया है? और फिर उसने हाथ हवा में उठाये, तीव्र गति से नीचे गिराये और किसी कपालिनी की तरह अपने अंगों का आह्वान किया। लेकिन वह पराया चेहरा वहाँ से टस–से–मस तक न हुआ। रुककर दर्पण में घूरकर देखा। जाने कितनी देर से वह लगातार रोये जा रही है, उसका वह सब कुछ खो गया है जिस पर वह ज़िन्दा थी। सारा तिलिस्म टूट गया है। जानती है, वह काजल से तनी आँखें अब कभी भी लौटकर नहीं आयेंगी और इस पराये चेहरे को पहनकर उसे हर रात को अपने से मिलना होगा।

अहेरी

उन्होंने वह पत्रिका बन्द कर मेज़ पर रख दी। वे जानते हैं, एक क्षण में चपरासी को अन्दर बुलाकर पानी या कुछ और माँगना चाहिए। इस पत्रिका में जो कुछ देखा है, उनके मन में जो कुछ प्रवेश पा रहा है, वह सब कुछ ठीक नहीं हो रहा है। पर वह क्षण इतने समय में ही हाथ से निकल गया। वे इस स्थिति के मोह को भंग न कर सके।

विदेश से आने वाली चित्र–प्रधान पत्रिका है। इस बार भारत के वन्य पशुओं पर विशेषांक निकाला है। बिल्कुल बीच का पृष्ठ खोलकर देखा था तो हाथ, आँखें, शरीर की सारी इन्द्रियाँ और आत्मा सब कैसे थमकर केन्द्रित हो गयी थीं। नीचे पढ़ा–चीता।

चित्र में बैठे हुए उस चीते ने इनकी ओर देखा, इनकी आँखों में उसने आँखें डाल दीं, और तब ही उनके मन के अन्दर यह विचार कौंध गया कि हाँ, मुझे इसको मारना है। यही है, जिसको मैं कब से तलाशता आ रहा हूँ।

उन्होंने पत्रिका फिर खोली। अब किसी प्रकार की सेंसेशन, अजनबी अनुभूति उनके शरीर अथवा मन में नहीं हो रही। इससे बिल्कुल तादात्म्य स्थापित हो गया है। दोनों ने पहचान के एक ही स्तर पर पहुँचकर एक–दूसरे से परिचय कर लिया है।

वे जानते हैं कि इन दिनों शिकार के लिए जाना कितना कठिन है। अगले सप्ताह ही तो इन फ़ैक्टरियों के डाइरेक्टरों की मीटिंग है और वे इन सब कारख़ानों के मैनेजिंग डाइरेक्टर हैं। यहाँ से कुछ दिनों के लिए भी अनुपस्थित होना असम्भव है। फिर यह कारण सुनकर कि उनको एकाएक चीते का शिकार करने की सूझ गयी है, कितनी हँसी सब लोग करेंगे। चाहे उनकी स्थिति यहाँ पर इतनी दृढ़ है कि कोई भी उनका कुछ नहीं बिगाड़ सकता। वे जो चाहे कर सकते हैं। जिनका साठ प्रतिशत

धन इन कारख़ानों में लगा है, उनकी लड़की से इनका विवाह हुआ है, पर वे जायेंगे नहीं।

फिर चित्र में बैठे चीते को देखा। उन्हें स्पष्ट आभास हुआ कि वह चीता थोड़ा–सा हिला है, आसपास लगे छोटे–छोटे पेड़–पौधे उसकी गति से धमक गये हैं, हिल गये हैं। चीते ने गर्दन टेढ़ी करके उनकी ओर देखा और फिर वह उनकी आत्मा के अन्दर प्रवेश कर गया है। हाँ, जाना है, बहुत जल्दी ही। देर करने का तो कोई कारण नहीं है।

वे बहुत शीघ्र निर्णय करने के लिए प्रसिद्ध हैं। इसी गुण के कारण ही चालीस वर्ष की आयु में वे इतने कारख़ानों के मैनेजिंग डाइरेक्टर बन गये हैं। उन्होंने फ़ोन करके अपने निजी सचिव को बुलाया। वह आदमी बड़े दबे पाँव कमरे में आया और चुपचाप बैठ गया। इसे देखकर सदा यह आभास होता है कि यह आदमी नहीं, कोई बिल्ली है, जो बिना आहट, दबे पाँव एक स्थान से दूसरे स्थान पर सतत घूमती रहती है। उसकी पीली–पीली आँखें इस समय बहुत अस्थिर–सी लग रही हैं। वह जानता है कि इस असमय में किसी विशेष बात के लिए ही उसे बुलाया गया है। वह बिल्कुल एक बिल्ली की तरह अंग–प्रत्यंग समेटकर बैठा है जैसे कोई खिंची हुई स्प्रिंगदार तार है, जो छूटते ही एक झपाटे के साथ छलाँग लगा देगी।

वे सचिव को उस चित्र को दिखाते हैं। बिल्कुल थोड़े शब्दों में बताते हैं–वे चीते का शिकार करना चाहते हैं, यह प्रबन्ध इसी सप्ताह होना चाहिये।

सचिव के शरीर के स्प्रिंग और भी कस जाते हैं। यह क्या रहस्य है, मिस्ट्री है, जो उसकी समझ में नहीं आ रही है? उसकी पीली आँखें इस समय बिल्कुल स्थिर हैं। उसका शरीर इनके शरीर की प्रत्येक अनुभूति को ग्रहण करने की चेष्टा कर रहा है। उसका यह शरीर अपना थोड़े है? मन तो सदा इनके अन्दर प्रवेश किये रहता है। वह तो इनका जीवन ही जीता है, और जो भी बड़े–से–बड़ा निर्णय ये करते हैं, उसका पूरा भागीदार सचिव का शरीर और मन भी तो होता है। उसे इसी बात का तो इतना अधिक वेतन मिलता है। वह दफ़्तर का कोई भी कामकाज नहीं करता। उसे तो प्रत्येक स्थिति को भोगना है, हर उस संघर्ष में अपने मन को, शरीर को डालना है जिसमें से ये गुज़रते हैं।

यही बात आज उन्होंने ऐसी कह दी है जिसको न उसका शरीर स्वीकार कर रहा है और न आत्मा ग्रहण कर रही है। इन्हें चीते के शिकार से क्या मतलब?

वह डायरी निकालकर देखता है कि आने वाले पन्द्रह दिनों में इनका क्या–क्या कार्यक्रम है? हाँ, कहीं जाने–आने का प्रश्न ही नहीं उठता। सब दिन किसी–न–किसी मीटिंग में उन्हें जाना है।

सचिव को नोटबुक पढ़ते देखकर उनके मन में विचार आता है कि उनका सारा जीवन उसकी इस नोटबुक में क़ैद है। किसी को उनका जीवन–वृत्त लिखना हो तो इस नोटबुक से वह सब कुछ प्राप्त कर सकता है। उन्हें तो कभी–कभी यह भ्रम भी होता है कि सचिव ने अपनी डायरी में यह भी लिख रखा होगा कि इस रात को वे अपनी पत्नी के पास सोयेंगे।

वे सचिव को बताते हैं कि सारी मीटिंगें स्थगित कर दी जायें। वह सबसे पहले शिकार को जायेंगे। सचिव देख रहा है–उन्होंने अपना चश्मा उतारकर मेज़ पर रख दिया है। दोनों कमानियों को उनके हाथ एक–दूसरे के समीप ला रहे हैं, फिर पीछे कर रहे हैं। जब उनका मन किसी स्थिति विशेष से गुज़रकर एक निर्णय पर पहुँच रहा हो, तो ऐनक की कमानियाँ इस सारी प्रक्रिया का जीता–जागता दर्पण हैं। फिर उनके हाथों ने कमानियों के दोनों सिरों को मिला दिया। सचिव समझ गया–जाने का निर्णय अडिग है। प्रत्येक निर्णय करते समय ऐसा होता है। इस सिगनल को केवल वही समझता है। कई बार वह यह बात देख चुका है। वह डायरी में लिखे सारे कार्यक्रमों पर लाल पेंसिल से लकीर खींच देता है।

सारी रात बिस्तरे में उनके साथ वह चीता सोया रहा और थोड़ी–थोड़ी देर पश्चात् उसकी दहाड़ से वे काँप–काँप जाते रहे।

यहाँ पहुँचे उन्हें दो दिन हो चुके हैं। इस प्रदेश के पर्यटन अधिकारी ने सब प्रबन्ध कर दिया है। ऐसे पर्यटक प्रायः यहाँ आते रहते हैं, देश से, विदेश से जो चीते का शिकार करने के पश्चात् लौट जाते हैं। अधिकारी प्रसन्न हैं कि अपने देश के लोग भी अब इस ओर झुक रहे हैं। उनके साथ एक पेशेवर शिकारी को लगा दिया गया है। पहले ही दिन जब वे लोग जीप में जंगल से जा रहे थे तो सामने से एक हिरन उछलकर भागा।

शिकारी को उन्होंने आदेश दिया कि जीप को रोककर अथवा धीमी करके उसकी गति भंग न की जाये। फिर बड़े सहज ढंग से उस बीस किलोमीटर प्रति घण्टा चल रही जीप में से उन्होंने कन्धे पर बन्दूक़ रखी और मात्र एक गोली से हिरन को मार दिया। शिकारी निश्चिन्त हो गया। अब इनकी बहुत देखभाल उसे न करनी पड़ेगी। वे तो बहुत अनुभवी हैं। प्रायः पर्यटक तो ऐसे आते हैं कि मारने का काम ऐसे पेशेवर शिकारियों को करना पड़ता है। पर्यटक तो बस मरे हुए चीते के साथ फ़ोटो खिंचवाकर अपने अहेरी होने की सनद प्राप्त करके ही प्रसन्न हो जाते हैं।

जंगल के उस भाग में लकड़ी का मकाननुमा बीस फुट ऊँचा मचान है जो एक प्रकार से मकान ही है। रस्सी की सीढ़ी के द्वारा उस पर चढ़कर वह सीढ़ी ऊपर खींच ली जाती है। ऊपर सर्च लाइट भी लगी है। इस मचान के पास ही छोटा–सा तालाब है, जहाँ आजकल की इस जानलेवा गर्मी में प्रत्येक प्रकार के पशु का आना निश्चित है। फिर जब वह पशु सर्च लाइट के प्रकाश के घेरे में बद्ध हो जाता है, तो उसका वहाँ से जीवित निकलना असम्भव है। यदि अनाड़ी पर्यटक की गोली से वह बच भी जाये तो पेशेवर शिकारी यह काम पूरा कर देता है।

वे, सचिव और शिकारी तीनों एक महँगी शराब पी रहे हैं। वह शिकारी इनके साथ आये सचिव की ओर देखता ही नहीं। यह आदमी कुछ बोलता क्यों नहीं? इसकी पीली आँखें उसे सदा किसी ऊँघ रहे हिंसक पशु की याद दिलाती हैं। वे बड़े हौले–से इन दोनों को बताते हैं कि आज चीता अवश्य आयेगा। जब इन दोनों की प्रश्नवाचक दृष्टि को देखते हैं तो कहते हैं–रात सपने में चीता स्वयं आकर उन्हें बता गया है कि आज रात आमना–सामना होना अवश्यंभावी है। सचिव बिना किसी विवाद के उनकी बात को स्वीकार कर लेता है। वह पेशेवर शिकारी एकदम भयभीत हो जाता है। ये दोनों आदमी कितने रहस्यपूर्ण हैं? इन दोनों के बीच वह क्या रहस्य है, जिसे केवल वे ही जानते हैं और जिसके माध्यम से दोनों बिना बातचीत के एक–दूसरे की बात को समझ जाते हैं।

पेड़ों के पीछे से चाँद दबे पाँव उभर आया है। सारा जंगल पीला–पीला हो रहा है। मचान से थोड़ा हटकर एक पेड़ से बँधा बकरा आर्तनाद करता है। सारा वातावरण बोझिल हो जाता है। पशु तो सहज

ही आने वाली घटना का आभास पा जाते हैं। फिर हाँका लगाने वाले भी सूचना दे चुके हैं कि चीता इसी क्षेत्र में है। बकरे के रोने की आवाज़ उसे अवश्य आकर्षित करेगी।

यह पर्यटक भी तो कितने अधिकारपूर्ण ढंग से बता चुका है कि चीता आज आयेगा जैसे कि दोनों ने रात को यहाँ मिल लेने का समय और स्थान निश्चित किया हो।

उनका शरीर एकदम चौकन्ना हो जाता है। शरीर के अन्दर जो ग्रहण केन्द्र है, उसमें संकेत आने आरम्भ हो जाते हैं। चीते की चेतना के स्तर पर उनका मन तथा शरीर का प्रत्येक अवयव कार्य कर रहा है। हाँ, वह आ रहा है, आ रहा है। उन्हें पता है, उसके आने का आभास केवल उन्हें मिला है। इन दोनों को इसका कुछ पता नहीं है। वे इन्हें बताते हैं कि वे नीचे उतरना चाहते हैं। शिकारी रोकता नहीं क्योंकि वह इस चीते का स्वभाव जानता है। बहुत रात गये ही यह शिकार करने आता है। रस्सी की सीढ़ी नीचे लटकायी जाती है। सचिव साथ जाने के लिए हिलता है तो वह उसे रोक देते हैं। आज तो उन्हें अक़ेले ही सामना करना है। शिकारी उनके हाथ में भरी हुई बन्दूक़ थमा देता है।

वे नीचे पहुँचकर पेड़ से बँधे बकरे से कुछ दूर रुक जाते हैं। बकरा अब आर्तनाद करना बन्द कर देता है। उसे इनके आने का आभास हो गया है। अभी तक चीते का कहीं अता–पता नहीं, पर वे जानते हैं कि यह कहीं आसपास है।

हाँ, चीता बकरे से दूर एक पेड़ के पीछे खड़ा सारी स्थिति का मज़ा ले रहा है। वह बकरे की ओर बड़ी अरुचि से देख रहा है। यह तो नहीं है, इससे तो मिलने की रात आज की रात नहीं है। पिछली दो रातों से वह जंगल–जंगल दहाड़ता फिर रहा है, क्या इसे मारने के लिए? यह बकरा उसका आखेट क्योंकर हो सकता है। मुलाक़ात होना तो किसी 'और' से निश्चित हुआ था। वह अपने सुन्दर, शक्तिशाली शरीर को ढीला छोड़ देता है और 'उस' की प्रतीक्षा करना आरम्भ कर देता है।

उनके मन के अन्दर एक भयानक दहाड़ होती है, उनके शरीर की प्रत्येक मांसपेशी तन जाती है। मन के अन्दर जो जंगल है, उसे दहाड़–दहाड़कर चीता पाँव तले रौंदे डाल रहा है।

वह पेड़ के पीछे से निकलकर सामने आ जाते हैं, परे बैठे चीते का शरीर एक स्प्रिंग की तरह तन जाता है।

और एक ऊँची दहाड़ के साथ सारा जंगल काँप जाता है। पेड़ों की चोटियों पर बैठे परिन्दे शोर करते हुए उड़ जाते हैं। पेड़ काँप जाते हैं। मचान पर बैठे सचिव और शिकारी काँप जाते हैं। चाँद का मुँह और भी पीला पड़ जाता है। वह रात्रि जो थोड़ी देर पहले स्तब्ध थी, काँप जाती है। अब साँस थमे इन दो अहेरियों के द्वन्द्व–युद्ध की मूक गवाह बन रही है।

ये चीते की ओर देख रहे हैं, वह इनकी ओर देख रहा है। कितना सुख मिल रहा है! अब अन्दर जो जंगल है, वह बिल्कुल शान्त हो गया है। उसे 'वह' अस्त–व्यस्त नहीं कर रहा है। चीते का पेट अब ज़मीन के साथ लग रहा है। उसका सारा शरीर सिमटकर मूल आकार से आधा हो गया है। अब क्षणांश में वह छलाँग लगा देगा।

और मचान पर बैठे उस पेशेवर शिकारी को अब, इसी क्षण इस सत्य का पता चलता है कि यह जो आदमी नीचे खड़ा है, वह चीते पर गोली नहीं चला पायेगा। उसकी शरीर, उसकी आत्मा इससे सामना होते ही अनुपस्थित हो गयी है। मर गयी है। वह अपनी दूरबीन लगी बन्दूक़ को उठाकर वहीं मचान पर से ही निशाना साधता है।

वह क्षण बीत गया। चीते ने दूसरी भयानक गर्जना के साथ अपने शरीर के कसे हुए स्प्रिंग को ढीला छोड़ दिया। उसका शरीर हवा में उछला, उन्होंने भी ज़ोर की हुंकार भरी, और फिर उसका भयानक पंजा इनके कन्धे को फाड़ता हुआ कमर तक आधे शरीर को चीर गया।

पेशेवर शिकारी की दूरबीन लगी बन्दूक़ ने गर्जना की। गोली चीते के मस्तिष्क को फाड़ती हुई आर–पार हो गयी और उसी समय अन्तिम चिंघाड़ के साथ उसने प्राण छोड़ दिये।

इतनी देर से पेड़ से बँधा बकरा यह सारा नाटक देख रहा था। चुप था। और अब शायद वह बहुत भयभीत हो गया है। लगातार आर्तनाद किये जा रहा है। पेशेवर शिकारी और सचिव वहाँ पहुँच जाते हैं। बकरा आर्तनाद किये जा रहा है और उसकी आवाज़ सारे जंगल को घायल किये जा रही है। शिकारी की बन्दूक़ फिर गरजती है और सब कुछ शान्त हो जाता है।

वे अभी ज़िन्दा हैं, पर शरीर से रक्त बहे जा रहा है। जीप तो ड्राइवर सुबह ही लायेगा, तब तक प्रतीक्षा करेंगे तो इनकी मृत्यु अवश्य हो जायेगी। पास का गाँव दो मील दूर है। वहाँ के डाकख़ाने से फ़ोन करके शिकारी जीप और डॉक्टर को बुलायेगा, पर इस सबमें दो घण्टे लग सकते हैं। शिकारी बड़े अभ्यस्त हाथों से अपने सिर की पगड़ी से उनका कन्धा बाँध देता है। रक्त का बहाव थम जाता है। वह उन्हें उठाकर मचान पर ले जाता है। सचिव को कहता है कि उसके नीचे उतरने के बाद रस्सी की सीढ़ी को ऊपर खींच ले। वह गाँव से फ़ोन करके लौट आयेगा। सबको जंगल के माध्यम से इस घटना का पता चल गया होगा। और वह नीचे उतर जाता है।

सचिव शराब का आधा गिलास भरकर इनको पिलाता है। शायद इतनी तेज़ शराब के प्रभाव से उनका दर्द कुछ कम हो जाता है। वे आँखें खोलते हैं और सबसे पहला प्रश्न उससे यह पूछते हैं कि फ़ौलाद की वह भट्ठी उस दिन क्या बहुत गर्म थी? एक क्षण में ही उसके शरीर का माँस अस्थि पिंजर तक पिघलकर जल गया होगा। उसे कोई कष्ट महसूस न हुआ होगा। सचिव 'हाँ' में सिर हिला देता है।

अब उस अन्दर के जंगल में बिल्कुल शान्ति है। उस अँधेरे को भेदती हुई कोई भी दहाड़ यहाँ से वहाँ टकरा नहीं रही। वह सचिव की ओर देखते हैं। उसी रहस्यात्मक ढंग से वह उनकी बात समझ जाता है और बताता है कि हाँ, चीता भी मर गया है। उसे शिकारी ने मार दिया।

फिर उन्हें याद आती है अपनी पत्नी की, जिसकी एक टाँग है, जिस एक टाँगवाली सीढ़ी पर चढ़कर वह इतनी शीघ्र मैनेजिंग डाइरेक्टर की पदवी तक पहुँच सके हैं। उसे पता लगेगा तो कैसे झटके–से सिर हिला देगी और बहुत होगा तो थोड़ी–सी और पी लेगी, थोड़ा और बहक लेगी।

वह जर्मनी से उच्च तकनीकी शिक्षा प्राप्त करके आये थे। फैक्टरी में इंजीनियर लग गये थे। उस दिन रात गये एक मशीन से उलझे थे, तभी मालिक वहाँ आ गये। उसे इतनी देर तक काम करते देख हैरान हुए। आज के युग में तो दस मिनट अधिक काम करने पर यह लोग अतिरिक्त पैसा माँग लेते हैं। मालिक ने उससे पूछा तो उन्होंने बताया कि जब तक काम समाप्त न हो जाये, वह कैसे जा सकता है? मालिक चुप हो गये!

वह आधा घण्टा वहाँ खड़े रहे। उसने मशीन ठीक कर दी। मालिक उसे घर पर ही खाने के लिए साथ ले आये। और वहीं पर अपनी भावी पत्नी, उनकी बेटी से पहला परिचय हुआ। वह लँगड़ाकर चल रही थी। पता चला–एक टाँग बचपन में किसी दुर्घटना में कट गयी थी, अतः बनावटी है, लकड़ी की बनी है।

उन दिनों उनके जीवन का सबसे बड़ा लक्ष्य था, अधिक–से–अधिक सम्पन्न बनना, अधिक–से–अधिक लोगों पर राज्य करना। शायद इस सबके पीछे वह हीन भावना काम कर रही थी, जो बचपन अनाथालय में बीतने के कारण उनके मन में घर कर गयी थी। मालिक की ओर से कुछ संकेत मिले और इस मुलाक़ात के एक महीने के अन्दर ही उन्होंने उनकी लड़की से विवाह कर लिया।

तब उनका विचार था–औरत चाहे एक टाँगवाली हो, चाहे दो टाँगवाली, वह होती औरत ही है, और इस सबसे कुछ अन्तर नहीं पड़ता।

और वह साधारण इंजीनियर से फ़ैक्टरी–इंजीनियर और होते–होते दस वर्षों में इनकी सब फ़ैक्टरियों के मैनेजिंग डाइरेक्टर बन गये।

कन्धे पर ज़ोरों का दर्द उठा है। शरीर के प्रत्येक अंग में जैसे पिघला हुआ सीसा दौड़ गया है। उनके चेष्टा करने पर भी एक कराह निकल ही जाती है। सचिव उन्हें फिर से शराब देता है। कुछ सहारा मिलता है।

नहीं, वह ग़लत थे। एक टाँगवाली और दो टाँगवाली औरत में बहुत अन्तर होता है। जून की भयानक गर्मी के दिन थे। उस जलती–तपती दोपहर में कोई परिन्दा तक भी बाहर दिखायी नहीं देता था। वे बड़ी तेज़ गति से अपनी लम्बी विदेशी कार में वहाँ से गुज़र गये। थोड़ा आगे जाकर उन्हें आभास हुआ जैसे किसी ने कार रोकने के लिए हाथ उठाया था, वह गाड़ी वापस लाये।

सचमुच तेरह–चौदह साल की एक लड़की वहाँ खड़ी थी। गाड़ी पास पहुँचने पर उसने बड़ी शुद्ध और सलीक़ेदार अंग्रेज़ी में इनसे पूछा कि क्या वे उसे घर तक छोड़ देंगे? उसकी गाड़ी ड्राइवर लाया नहीं, शायद ख़राब हो गयी है। वह आधे घण्टे से अकेली यहाँ खड़ी प्रतीक्षा कर रही है। फिर उसकी कोठी की ओर किसी बस के जाने का मार्ग भी तो नहीं।

उन्होंने उसे कार में बिठा लिया। उस लड़की ने बड़ी आश्चर्यचकित आँखों से कार को देखा और उन्हें बताया कि इतनी बड़ी कार उसने पहली बार देखी है। वे बहुत ख़ुश हुए।

लड़की ने बताया कि वह कान्वेंट में पढ़ती है। अगले वर्ष सीनियर कैम्ब्रिज की परीक्षा देगी। फिर उसने पिता का नाम बताया। अरे, उसके पिता तो इन्हें जानते हैं। क्लब में कई बार मुलाक़ात हुई है। इस सूचना को पाकर वह लड़की बहुत ख़ुश हुई, आश्वस्त हुई।

वह बार–बार अपना सिर झटककर तराशे हुए बाल पीछे करती है। उसने स्कर्ट पहन रखी है और सच्चे मोतियों की तरह आबदार उसकी टाँग आभा दे रही हैं। उन्होंने मोड़ काटा, तो लड़की ज़रा इधर को हो गयी। उनका हाथ उसकी टाँग से छू गया और वे सकते में आ गये। उनके विवाह को बहुत वर्ष हो गये है। पत्नी के साहचर्य से ऐसा कभी कुछ नहीं हुआ। फिर आज यह क्या हो गया है? लगा, जलती हुई आग का बहुत बड़ा शोला उनके शरीर में यहाँ–से–वहाँ, इधर–से–उधर लपक गया है। रक्त जैसे शरीर के कवच को फाड़कर अभी शिरा–शिरा से बाहर बह आयेगा। पर उन्होंने उसको इन भावनाओं का ज़रा भी पता न लगने दिया।

फिर उस लड़की ने पूछा कि क्या वे उसे कार का स्टीयरिंग पकड़ने देंगे। वह बताती है कि वह अपनी कार का स्टीयरिंग सँभाल लेती है। वे 'हाँ' कर देते हैं। लड़की आगे सरक आती है। अब उसकी टाँग इनकी टाँग पर चढ़ आती है। शैंपू किये बालों की सुगन्ध मस्तिष्क में धँसती चली जा रही हैं। उसे सँभालने के बहाने वे उसके एक कन्धे को अपनी बाँहों में घेरकर एक प्रकार से उसे अपने वक्ष के साथ लगा लेते हैं।

आग, आग। शरीर के पोर–पोर में, नाख़ूनों में, आँखों में, अंग–प्रत्यंग में एक भयंकर ज्वाला है कि प्रवेश किये जा रही है।

और यह क्या! वह लड़की भी अनजाने में जैसे इनके साथ सटी जा रही है। उसने कई अंग्रेज़ी फ़िल्में देखी हैं और इस समय उनके विभिन्न रोमांटिक दृश्य जी रही है। रक्त की पुकार को रक्त ने पहचान लिया है। वह ज्वाला उसमें भी प्रवेश कर गयी है। यह सैंसेशन क्या सब किसी से बड़ी है जिसके आगे इतनी आयुवाले, इतनी प्रतिष्ठावाले वे स्वयं असहाय हो गये हैं, उसका सामना यह दुर्बल, छोटी लड़की क्या करेगी?

उनकी कोठी से गुज़रकर ही उस लड़की के घर की ओर सड़क जाती है। वे उसे सलाह देते हैं कि क्यों न पहले उनके घर कोकाकोला पी ला जाये? फिर वे उसे वहाँ छोड़ आयेंगे।

लड़की अब तक मन्त्रमुग्ध हो चुकी है। उसके मस्तिष्क पर उस जलते हुए रक्त का अधिकार हो गया है। वह मान जाती है।

उनके कमरे में कूलर लगा है। ऐसे महसूस होता है, जैसे वह जलते मैदानों की लू से एकदम किसी पहाड़ी स्थान पर पहुँच गये हों। वह फ्रिज खोलते हैं। कोकाकोला और बीयर की कई बोतलें अन्दर ठण्डी हो रही हैं। लड़की अपने आप सूचना देती है कि पापा लंच में उसे एक गिलास बीयर देते हैं। वह दो बोतलें खोलते हैं। सोफ़े पर उसके साथ बैठ जाते हैं। लड़की बड़ी जल्दी–जल्दी बीयर पी रही है। अपने दोनों हाथों से सिर के कटे हुए बाल ऊपर उठा कूलर के आगे सिर करती है। स्कर्ट के छोटे–छोटे आकार उभरते दिखायी देते हैं।

पिछले कितने मिनटों से उनका हाथ उसकी टाँग पर है। वह भयंकर आग फिर से जल उठती है। मस्तिष्क बार–बार ख़तरे की सूचना देता है, वे बार–बार उसकी बात को मानने की कोशिश करते हैं, पर रक्त की पुकार अधिक शक्तिशाली सिद्ध होती है।

लड़की पूरी बोतल ख़ाली कर चुकी है और अब उसकी ओर से भी शरीर का दबाव बढ़ रहा है। उसकी आँखें मुँद–सी गयी हैं और...

...दर्द फिर उठता है। अब वे ज़ोर–से कराहते हैं। सचिव उनके मुँह में फिर शराब डालता है और बताता है कि बस अब वह शिकारी डॉक्टरी सहायता लेकर पहुँच ही रहा होगा...

उन्हें जब होश आया था, तो सब कुछ समाप्त हो चुका था, क्योंकि इन्होंने अपने हाथों से उसका गला दबा दिया था। वह इस बात के पश्चात् जीवित रह जाती तो...

हाँ, उन्होंने सचिव को फ़ोन किया था। इसी क्षण वहाँ पहुँचने को कहा था। वे जानते हैं, सचिव पहले पुलिस में इंस्पेक्टर था। किसी रिश्वत के मामले में नौकरी से निकाल दिया गया था। मालिक ने अपनी लड़की से उनकी शादी की थी, तो एक प्रकार से दहेज में यह सचिव भी दिया था। कितने वर्षों से कैसे सफलतापूर्वक वह इनके जीवन का संचालन कर रहा है।

सचिव वहाँ आ गया। उनकी पीली आँखें बेतरह चमक रही हैं। वह सोफ़े पर मृत पड़ी लड़की को देखता है, उसके गले पर पड़े उँगलियों के ताज़ा निशान देखता है, नीचे फ़र्श पर फैले रक्त के छोटे–से घेरे को देखता है और सब कुछ समझ जाता है। इन्हें क्रोध आ रहा है कि वह कुछ पूछता क्यों नहीं? वह बड़े अभ्यस्त ढंग से गीले कपड़े से फ़र्श साफ़ कर देता है। कार बिल्कुल दरवाज़े तक ले आता है और उस मृत लड़की को बड़ी फुर्ती से उठकार कार के अन्दर डाल देता है। उनसे पूछता है कि जब वे इस लड़की को यहाँ लाये तो किसी ने देखा तो नहीं? वे निश्चयपूर्वक बताते हैं कि उस समय सड़क बिल्कुल निर्जन थी। सचिव सन्तुष्ट दिखायी देता है।

आगे की बात तो बिल्कुल छोटी–सी है। वे कार में पिछले दरवाज़े से फैक्टरी में पहँचते हैं। लंच की छुट्टी होती है। उस बिजली की भट्ठी में काम कर रहे कारीगर भागकर कैंटीन में बिजली के पंखों की छत्रछाया में पहुँचते हैं। यह दोनों उस फर्निस तक पहुँच जाते हैं। सचिव उसी फुर्ती के साथ कार में से लड़की को उठा लाता है और बिजली की जलती हुई भट्ठी में डाल देता है। एक क्षण में वह लोहे के साथ पिघल जाती है। वे दोनों लौट आते हैं। कितने महीनों तक लड़की के इस प्रकार गुम हो जाने पर हल्ला मचा रहा, पर यह रहस्य पुलिस से न सुलझना था, न सुलझा।

कुछ दिनें के पश्चात् जब वह अपनी पत्नी के साथ सोये, तो उन्हें पता चला कि दो टाँगोंवाली औरत और एक टाँगवाली औरत में अन्तर होता है। पत्नी लौटते समय अपनी बनावटी टाँग उतार दिया करती है। वह ठूँठ–सी टाँग उनकी टाँगों से लिपटने की चेष्टा कर रही है। ये मारे भय के चीख़ मारना चाह रहे हैं। वह टाँग ऐसी है, जैसे कोई ठण्डा अजगर हो। इनको अपने घेरे में बाँधकर कुचल देगा, मसल देगा। वह चारपाई से उठ जाते हैं। पत्नी की दृष्टि से वह समझ जाते हैं कि इस औरत को पता चल गया है कि ये दो टाँगोंवाली औरत के साथ सो चुके हैं। और तब से वह अपनी पत्नी के साथ सोये नहीं। और तब से उनकी पत्नी बहुत शराब पीने लग गयी है। बहुत बहकने लग गयी है।

अब तो दर्द सहना कठिन हो रहा है। वे सचिव का हाथ पकड़ लेते हैं। उनके हाथ में आये पसीने से सचिव का हाथ गीला हो जाता है। वह इनका माथा पोंछता है, इनके मुँह में फिर शराब डालता है।

सारी बात कब स्पष्ट हुई थी? मरते समय एक क्षण के लिए उस लड़की ने कितना भयानक संघर्ष किया था, और उस दिन से वह जब भी अकेले होते थे, अकेले सोते थे, उनके अन्दर कोई दहाड़ता रहता था।

तब उन्हें आभास हुआ कि उनकी आत्मा में एक काला–स्याह जंगल उग आया है। इस भयानक अँधेरे जंगल में रात–रात भर कोई दहाड़ता है। चलता है तो उसकी धमक से अन्दर घाव–ही–घाव हो जाते हैं, सब कुछ क्षत–विक्षत हो जाता है।

उनके अन्दर यह जो कोई आ बैठा था, वह क्या है! कौन है! इसका ज्ञान तब हुआ जब उस विदेशी पत्रिका में छपे चीते के उस चित्र को उन्होंने देखा। वह चीता वहाँ से उछला, उनके अन्दर जो 'वह' बैठा था, उससे आकर साक्षात्कार किया। दोनों की जान–पहचान हो गयी और वहीं, उसी समय उन्हें निर्णय करना पड़ गया कि इससे तो द्वन्द्व होगा, सामना होगा। जितनी शीघ्र हो, उतनी ही जल्दी मुक्ति मिल जायेगी। उन्होंने सचिव को सारे प्रबन्ध करने का आदेश दे दिया था।

शाम को उनका मन थोड़ा डाँवाँडोल हुआ था, यह सब तो ठीक नहीं हो रहा। इतना सारा कामकाज छोड़कर उनका शिकार के लिए जाना कहाँ तक उचित है? और तभी उन्हें स्पष्ट पता चला कि कोई आया है और चुपचाप उनके पास सोफ़े पर बैठ गया है। मन के अन्दर बैठे 'उस' ने पहचान लिया कि यह वही चित्र में छपा चीता है। उस चीते ने कोकाकोला की एक बोतल ली, बीच में दो पाइप डालकर बड़े इत्मीनान से पीता रहा। इनके अन्दर बैठे 'उस' से बातचीत हुई। 'उसने' इस कोकाकोला पीते चीते को आश्वासन दिया कि पूर्व निश्चय के अनुसार उससे मिलने अवश्य आवेगा। तब कहीं जाकर वह उस सजी–सजायी बैठक से उठा था।

रात को सोये थे, तो उस जंगल के बीच कैसा भयंकर हाहाकार मचा था! बार–बार वह चीता दहाड़ता था। अहेरी आखेट को पुकारता था। उन्हें आज पता चला कि हम तो अहेरी नहीं आखेट हैं। वह है जो सदा हमारी प्रतीक्षा करता है। उस क्षण के लिए थमा रहता है, जब उससे साक्षात्कार होना होता है। हम स्वयं चलकर उसके पास जाते हैं, प्रार्थना करते हैं–आओ, हमें प्राप्त करो। हमें मुक्त करो। ओ रे अहेरी! अब और प्रतीक्षा न होगी...

उन्होंने उस समय चीते पर गोली क्यों नहीं चलायी? गोली वह चलाते, परन्तु कैसे! अहेरी कौन था? फिर वह चीता कहाँ था, जिसने उनके ऊपर छलाँग लगायी थी? उनकी आँखें थीं क्या? वह तो वही जंगली बिल्ली–सी हिंसक वह लड़की थी, जिसने उनके साथ कितना भयंकर संघर्ष किया था? जीवन में दो बार उसी भयंकर आनन्द के प्राणों को जता देने–जमा देने वाले क्षण आये थे। पहली बार विजय उनकी हुई थी। दूसरी बार तो वह आखेट बनकर आये थे न...

अब लगता है, बचना कठिन है। कुछ आवाज़ें आ रही हैं। सचिव बताता है–पहुँच रही जीप की आवाज़ है। और चेतना खोने से कुछ क्षण पूर्व उनके मन में यह हल्का–सा विचार आता है कि वे सचिव से पूछ देखें कि क्या उसने अपनी नोटबुक में उनके मरने की तिथि पहले से लिख रखी थी? वह तो सर्वज्ञ है, उसे तो अवश्य पता रहा होगा कि आज अहेरी उनका शिकार करेगा...

जीप मचान के नीचे पहुँच गयी। उसमें से डॉक्टर और शिकारी निकले हैं। सचिव रस्सी की सीढ़ी नीचे लटका रहा है।

वे अन्तिम बार आँखें खोलते हैं। चाँद को बहुत घने बादलों ने ढाँप लिया है। रात एकदम अँधेरी हो गयी है। सब ओर उतना ही काला, गहन और सर्वग्राही अँधेरा छा गया है जितना काला, गहन और सर्वग्राही अँधेरा उनकी आत्मा में है।

जब वह पेशेवर शिकारी और डॉक्टर मचान पर उनके पास पहुँचते हैं तब तक वे मर चुके होते हैं...

न आने वाला कल

"कल वीरेन बेटे को घर ला रहे हैं", उन्होंने यह बात कहने से पूर्व कई बार चश्मा उतारा–लगाया था। फिर उसे मेज़ पर रखकर बड़ी देर तक उस की कमानी को कोण–विशेष पर मोड़ने की चेष्टा करते रहे। यह तो पत्नी को भी पता था कि बेटा पहुँच रहा है। दिन में कई बार उसके मित्र चमचमाती वर्दियों में वहाँ आ चुके थे।

तीन महीने के बाद बेटा देखने को मिलेगा। कल बैठक में बैठे उसके साथ के लोग उनको सब कुछ समझा रहे थे। कुछ का विचार था कि वीरेन अब पहचाना नहीं जायेगा। बेटे को लाने की बात का पता शहर में चल गया है। आधा शहर तो प्रोफ़ेसर साहब से ही पढ़ा है। लड़के–लड़कियाँ, उनके माँ–बाप सभी लोग परिवार को जानते हैं। सब आते हैं, अटकलें लगाते हैं और वे दोनों किसी घट चुकी सदी के पात्रों की तरह सब कुछ सुन लेते हैं। न किसी की बात का विरोध न किसी की हाँ में हाँ।

यह ख़बर तो कुछ दिन पहले ही मिल गयी थी कि वीरेन को यहाँ लाया जा रहा है परन्तु इतनी जल्दी की आशा न थी। उसके मित्रों ने तो पहले ही कह दिया था कि देर होने का तो कोई मतलब ही नहीं, विशेष विमान द्वारा उसे यहाँ लाया जा रहा है...ऐसा तो नियम ही है।

उन्होंने भी उसे यही समझाया कि वीरेन जब आ जाये तब माँ उसे न देखे। उसके लिए घातक हो सकती है यह बात।

उसने उसकी बात का जवाब मात्र हाँ में दिया था और फिर सिर झुकाये बेटे का आसमानी रंग का पुलोवर बुनने में लग गयी। वह थोड़ी देर उसे देखते रहे, फिर धीमे से कहा कि अब इसके बुनने की क्या ज़रूरत है जब कि पता चल ही गया है कि वे लोग वीरेन को ला रहे हैं। उसने शिकायत–भरी दृष्टि से उन्हें देखकर कहा–"तुम कैसी बातें करते हो जी, अब इसे बीच में आधा क्योंकर छोड़ दूँ?" उसके प्रत्येक जवाब का अन्त प्रश्नवाचक हो जाया करता है।

फिर वह उठकर अन्दर चली गयी। प्रोफ़ेसर साहब ने मेज़ से चश्मा उठाकर लगाया, थोड़ा–सा बौखलाये कि स्पष्ट दिखायी क्यों नहीं दे रहा। फिर ख़याल आया कि रोशनी तो की नहीं, और तब लाइट जलाकर उन्होंने फिर से एटलस खोल लिया और रबर उठाकर पेंसिल के उन निशानों को मिटाना शुरू कर दिया जो उसके मित्र ने उसका रास्ता समझाने के लिए लगाये थे। उस अपेक्षाकृत बड़े दायरे पर आकर वह कुछ देर रुके जहाँ से आगे सब कुछ अन्धी घाटी में खो गया था।

उन्होंने हाथ बढ़ाकर आलमारी से एक फ़ाइल निकाल ली। बहुत सारे पुराने अख़बार उसमें थे। वे अख़बार जिनमें तीन महीने पहले समाचार छपा था, जिनमें उनके बेटे से सम्बन्धित और ख़बरें थीं, खोजबीन की। यह उनको भी पता था कि सब अख़बार ख़रीदना मूर्खता है क्योंकि सरकार जो वक्तव्य देती है, सब अख़बारों में वही छपता है, यहाँ तक कि भाषा भी एक ही रहती है, पर...कहीं कुछ और हो शायद यह भ्रम आज तक न मरा था, आज भी...

ऐसा ही दिन था वह, साफ़–सुथरा। आकाश किसी धुली चादर की तरह स्वच्छ और ठहरे पानी की तरह पारदर्शी था जिस पर दृष्टि बस फिसलती ही जाये। नाश्ता करते–करते भी वीरेन देर हो जाने का शोर मचा रहा था जो सदा से उसकी आदत थी। उसकी टाई की नाट उन्होंने ही सीधी की थी। फिर मोटरसाइकिल की घड़घड़ाहट गेट से निकलते–निकलते तीसरे गियर में डालने की आवाज़ और गति बिना कम किये पासवाला मोड़ कटना, पहियों के चीत्कार की ध्वनि मानो अब भी सुनायी दे रही है।

वे दोनों बाहर बग़ीचे में आ बैठे हैं। विमान उड़ानें इस ओर से भी भरते हैं। एक तेज़ गरज हुई और किसी शक्तिशाली पक्षी की तरह कोठी पर से पहला विमान गुज़र गया। रोज़–रोज़ देखकर वह भी जान गयी है कि एकदम से ऊँचाई प्राप्त करने के लिए विमान आधे वृत्त से घूमेगा, फिर उसकी नुकीली नाक एकदम ऊपर उठेगी और वह सीधा ऊपर को उठ जायेगा।

प्रोफ़ेसर अख़बार पढ़ते रहे, वह पुलोवर बुनती रही। धीमी–धीमी आवाज़ आनी शुरू हो गयी है, विमान वापस आ रहे हैं। एक घण्टा कितनी जल्दी व्यतीत हो गया। जैसे चढ़ते हैं, वैसे ही उतरेंगे। जैसे पक्षी अपने घोंसले पर उतरने से पहले एक चक्कर काटता है, वैसे ही जब एक विमान उतरता है

तब दूसरा चक्कर काटता रहता है। फिर ज़ोर की आवाज़ होती है। लोहे का पृथ्वी से स्पर्श हो गया है और फिर दूसरा विमान भी नीचे उतरने के लिए सीध में ले आया जाता है, फिर तीसरा, फिर चौथा, कई बार और भी।

वातावरण में जो हलचल और बिखरन आ गयी थी, वह समाप्त हो गयी क्योंकि सब विमान उतर आये हैं। पेड़ों की टहनियों में जो अप्राकृतिक कम्पन था, उनमें भी ठहराव है। उसने पुलोवर गोद में रख लिया है और लगातार उस आकाश–मार्ग को देखने लगी, जिधर से विमान अड्डे की ओर आते हैं।

"क्या बात है?" पति ने पूछा।

"मैं कहती हूँ, गये तो पाँच विमान थे, उतरे चार ही हैं।"

पति मुस्कुरा पड़ते हैं। जानते हैं कि अवकाश वाले दिन वह उड़ते–उतरते विमान गिनती रहती है जैसे कोई पक्षी छोटे बच्चों की उड़ान पर ध्यान रखे।

"आप शायद गिनना भूल गयी हैं डॉ. साहब।"

पति की आवाज़ में ज़रा व्यंग्य था।

वह चुप रहती है। अभी विमानों को उतरे कुछ क्षण ही बीते हैं कि लगातार आवाज़ें आनी फिर शुरू हो जाती हैं। हेलीकाप्टर उड़ रहा है। इतना नीचे उड़ता है, लगे जैसे सिर पर आकर थम गया है। वैमानिक का सिर तथा टाँग दिख रही है और फिर एक साथ चार विमान उड़ानें भरते हैं और उस दिशा में खो जाते हैं, जिधर से पहले विमानों का गोल लौटा है।

और तब रुक–रुककर बजता हुआ लम्बा सायरन चीख़ उठा। वह एक झटके से उठ गयी। पुलोवर नीचे गिर पड़ा। वीरेन ने उन्हें एक बार समझाया था कि कितनी बार हूटर बजे तो दुर्घटना की सूचना होती है और आज हूटर उतनी ही बार बजा है। पति का योग भी जैसे टूट गया है। वह पत्नी की ओर सूचना माँगते हुए असहाय दृष्टि से देखते हैं क्योंकि उन्हें तो विमानों के बारे में कभी कोई बात समझ में आयी ही नहीं। दोनों उठकर फ़ोन के पास चले गये। पत्नी फ़ोन उठाकर फिर रख देती है। वीरेन के यहाँ फ़ोन करने की सोची थी, फिर अपनी मूर्खता पर शरमा गयी।

दोनों जानते हैं कि कोई ऐसी–वैसी बात हो भी तो फ़ोन थोड़े ही आयेगा। फिर माँ को क्रोध आता है कि वह इतनी स्वार्थी क्यों है कि उसे सदा अपने बेटे के प्रति ही भय और आशंका बनी रहती है। दोनों ने बड़ी

बेदिली से खाना खाया। वीरेन के स्क्वाड के सारे मित्रों को वे जानते हैं, कहीं किसी को भी कुछ...

हेलीकाप्टर बार–बार उड़ते रहे। वह खिड़की पर खड़ी उनको वापस आता देखती रही, किसी घायल पक्षी की तरह।

चार बज गये हालाँकि वीरेन को एक बजे खाने के लिए आ जाना चाहिए था। दरवाज़े पर जीप रुकने की आवाज़ आयी। वह झपाटे से बरामदे में आ गयी। कहीं वीरेन। पर नहीं, जीप पर एक ध्वज लहरा रहा है। यह तो वीरेन के ओ.सी. हैं। पति भी बरामदे में आ गये। ओ. सी. माँ को सेल्यूट देते हैं। तीनों बैठक में आ जाते हैं। वह वहीं से नौकर को चाय लाने के लिए कहती है। कोई भी उस बारे में बात नहीं करता। पति–पत्नी दोनों जानते हैं, उनके आने का कारण। दोनों मन में प्रार्थना करते हैं, वह कुछ न बताये, जितने समय मन उस स्थिति को पकड़ता नहीं, अच्छा ही है। ओ.सी. बिना घूँट भरे प्याला सरका देते हैं। खिड़की के पास ठहरते हैं, पर्दे सरका देते हैं और जाली से आती पीली धूप की शतरंज फ़र्श पर बिछ जाती है।

"वीरेन्द्र अपने विमान–सहित लापता है। आज की खोज में पता नहीं चला। अब कल फिर खोज जारी की जायेगी।"

पति उनकी ओर आश्चर्यचकित भाव से देखते हैं। विमान भी कोई छोटा बालक है जो खो गया है। और फिर यह कैसे सम्भव है कि उसका इतनी देर में पता न चले। माँ प्याले पर बने साँप को देख रही है और भ्रम होता है कि वह साँप धीरे–धीरे कुण्डली खोल रहा है, सरक रहा है। ओ.सी. बात समझाकर बताते हैं कि 'आज जिस ओर विमानों ने उड़ान भरी थी, वहाँ की भौगोलिक स्थिति साधारण नहीं है। मैदानी इलाक़ा तो है नहीं, पहाड़ हैं, घाटियाँ भी हैं। वैसे, यह मतलब नहीं कि वीरेन का विमान वहीं गिरा हो...माँ समझ गयी है, यह आख़िरी बात वह उन दोनों को या शायद अपने को झुठलाने के लिए कह गये हैं।

इसके बाद की बातें और घटनायें अपना क्रम खो चुकी हैं। वैसे उन्होंने काफ़ी चेष्टा की है कि सब कुछ एक सिलसिले से याद रखें। बेटा आयेगा तो उसे सुनायेंगे पर भला इतनी सारी तकनीकी बातों को एक कड़ी में कैसे बैठाया जाये।

दूसरे दिन विमान के लापता होने का समाचार सब पत्रों में छपा, 'खोज जारी है' के आश्वासन सहित। इस टिप्पणी पर कि हो सकता है विमान पड़ोस के देश में गिरा हो...सब असहमत हैं। ऐसा होता तो इस घटना को आधार बनाकर वह देश हाय–तोबा मचा देता। अन्तरराष्ट्रीय राजनीतिक घटना का रूप देने की कोशिश करता, स्थिति से लाभ उठाना चाहता आदि।

कितनी जगह पढ़ा–सुना है कि विमान गिर जाते हैं लेकिन वैमानिक बच जाते हैं और कुछ दिनों में घर पहुँच जाते हैं। वीरेन का पुलोवर आगे बढ़ रहा है।

उसके फ़्लाइट–कमाण्डर ने सारी बात विस्तार से बतायी। बोलते हुए पहले वह अपनी बड़ी–बड़ी मूँछों पर सदा अंगुली फेरते थे, लेकिन आज वह नज़र किसी अदृश्य बिन्दु पर टिकाकर बात कर रहे हैं। हाँ, वह काफ़ी ऊँचे उड़ रहे थे जब वीरेन्द्र ने उस ध्वनि–गति से तेज़ विमान में डाइव किया था। यह क्या, वह ऊपर क्यों नहीं उठ रहा, उसे पुलअप करना चाहिए। नब्बे के कोण में उनका जहाज़ झपटा। पहाड़ की वे दो चोटियाँ बरछे की तरह स्पष्ट उभरकर सामने आ गयी जिन पर से विमान ऊपर जाना चाहिए था। पर नहीं, वीरेन का विमान एक चोटी से टकराया, लोहे–पत्थर के स्पर्श से छोटा–सा शोला लपका। तब वह और ऊपर उठ आये थे। पन्द्रह मिनट का पेट्रोल बाक़ी था अतः उसी भाग–विशेष में उड़ते रहे लेकिन 'टी फ़ार टाइगर' ने कोई उत्तर न दिया।

माँ के पूछने पर उन्होंने बताया कि यह सम्भव है कि उन चोटियों को पार करने के बाद विमान सीधा हो गया हो, लेकिन फिर से ऊपर उठना...

यह सेना के लोग कैसे होते हैं? क्या कभी भी आस नहीं छोड़ते? और पत्रों में फिर समाचार छपे। सैनिक पर्वतारोहण शिक्षण के दस्ते को थल से खोज पर भेजा गया था, लेकिन हिमालय की यह घाटी विशेष बर्फ़ से जमी पड़ी है। लगभग दो महीने बाद बर्फ़ पिघलनी आरम्भ होगी, फिर खोजी दल के वहाँ पहुँचने की सम्भावना है।

उन्होंने फिर सारे समाचारपत्रों को ख़रीदना शुरू कर दिया है। शायद कहीं कोई सरकारी विज्ञप्ति से अलग समाचार मिल जाये। बर्फ़ से गिरा वीरेन कैसा होगा। उसे जुकाम तो ज़रूर हो गया होगा। यहाँ ज़रा–सी हवा चलती थी तो छींक–छींककर उसका बुरा हाल हो जाता था।

माँ को अपने डॉक्टरी के पेशे से समय कम मिलता था, अतः उन्होंने अस्पताल से छुट्टी ले ली है। क्या पता, कभी कोई ख़बर आ जाये। वीरेन ही आ जाये और वह घर पर ही न हों। पति पढ़ते रहते हैं या शायद उसे भुलावा देने के लिए किताब में आँखें गड़ाये रहते हैं। वह चुपचाप पीछे आकर खड़ी हो गयी, देखा पुस्तक के पन्नों पर लगातार आँसू गिर रहे हैं। उसने उनका कन्धा छुआ और फिर मेज़ पर सिर रखकर पति फूट–फूटकर रो पड़े। नौकर दरवाज़ों पर खड़े रो रहे हैं। और वह अकेली है कि इन सबको चुप कराने की बेकार कोशिश कर रही है।

वह तो निराश नहीं हुई। उसे तो पता है कि वीरेन किसी भी स्थिति में विमान ठीक से नीचे उतार सकता है। उसे विशिष्ट वायु सेना मैडल इसी बात पर मिला है। फिर राडार पर उसके विमान के नष्ट होने का संकेत भी तो नहीं मिला।

लेकिन प्रकृति के विरुद्ध वह कैसे लड़ेगा। जब यह बात सोचती है तब थोड़ा–सा घबराती है। वीरेन के मित्र भी तो आजकल रोज़ आते हैं, पति के पास अधिक बैठते हैं। 'शायद', 'कई बार', 'हो सकता है', 'यह भी मुमकिन है' आदि शब्द क्या कुछ समय के लिए उस सत्य को झुठलाने का बहाना नहीं जिसको सबकी अन्तरात्मा जानती है, लेकिन फिर उसके विरुद्ध संघर्ष कर रही है। सब पात्र धीरे–धीरे 'सर्वनाश' की स्थिति की ओर बढ़ रहे हैं मानो उस दैवी प्रकोप की प्रतीक्षा में हों जो इस सदी को इस धीमी गति से मुक्त कर देगा।

वीरेन अभी–अभी तो इक्कीस पारकर चुका था। वह साथ चलती थी, तो न जानने वाले माँ–बेटे की नहीं, अपितु बहिन–भाई या ज़रा आगे बढ़कर देवर–भाभी के रिश्ते की कल्पना किया करते थे और जब लोगों को सम्बन्ध का पता चलता था तब उन्हें कैसा सुखद आश्चर्य हुआ करता था।

आज तीन महीने से वह काम पर नहीं गयी। बेटे की प्रतीक्षा कितनी लम्बी हो गयी है। पर इस इन्तज़ार के झूठे सुख में भी कितना चैन था। सारी इन्द्रियाँ जैसे अपना अलग–अलग काम भूलकर, सिमटकर प्रतीक्षा करती आन बैठी हैं। अब भला सरकार जब किसी निश्चित बात की घोषणा नहीं करती, तब कुछ हो गया है, इस बात को कैसे मान लिया जाये।

बहुत दिनों बाद अख़बारों ने फिर से इस सम्बन्ध में समाचार देने आरम्भ कर दिये हैं। एवरेस्ट पर अभियान करने वाले दल के एक मेजर

के साथ एक दल उसकी खोज में चल चुका है। प्रतिदिन की रिपोर्ट प्रकाशित होती है। जिस स्थान से जहाज़ नीचे की ओर गया था, वहाँ से दल नीचे उतर रहा है। हेलीकाप्टर द्वारा उन्हें रसद तथा अन्य सामान पहुँचाया जा रहा है। स्थानीय अधिकारियों से उनका बेतार का सीधा सम्बन्ध है। मौसम–विज्ञान–कार्यालय के अनुसार उन्हें चार दिन में वहाँ पहुँच जाना चाहिए।

वह प्रार्थना करती रही कि उस घाटी में वीरेन न मिले, उसका विमान न मिले। इतने महीने, जो दिन तथा मास नहीं रहे थे, दरवाज़े पर सिर झुकाये प्रतीक्षा के क्षण बन गये थे। उन सबका क्या होगा! अब वह उन छोटी बातों को कैसे याद रखेगी जो उसने वीरेन को सुनायी थी। उसके ठीक होने की, बच निकलने की सम्भावना की मृत्यु कितनी त्रासद है।

समाचार आगे बढ़ा। दल ठीक राह पर चल रहा हैं। नीचे गिरते समय विमान कुछ पहाड़ियों पर घिसटता चला गया था।

इसके प्रमाण मिल रहे हैं। दल को वहाँ पहुँचने की पूर्ण आशा है। उन्हें लगा जैसे अब लोग खोजी दल की सफलता की कामना के उत्साह में इसके परिणाम को भूल गये हैं। इसका वहाँ पहुँचना अपने में ही साहस का कार्य हो गया है।

और फिर दल वहाँ पहुँच गया। आख़िरी समय भी सीधी सतह में होकर विमान ने नीचे उतरने की पूरी कोशिश की थी। लेकिन उस हिमानी–स्थल पर वह नीचे धँसता ही चला गया था, नीचे और नीचे।

अन्धी घाटी में क़ैद वीरेन। करोड़ों मन बर्फ़ की गोद में खोये–खोये उनके बेटे को उन्होंने खोज ही लिया और उसे कल वापस ला रहे हैं।

उन्होंने वे सारे समाचारपत्र अंगीठी में फेंक दिये हैं जिनमें वीरेन सम्बन्धी समाचार हैं, अधूरे बने पुलोवर से सलाइयाँ खींचकर उसे आलमारी में रख दिया है।

उल्टी बन्दूक़ों की सलामी दी जा चुकी है। गोलियों की आवाज़ से उड़ गये पक्षी फिर धीरे–धीरे वापस लौट आये हैं, प्रत्येक के बैठने से टहनियों पर अलग–अलग प्रकार की आवाज़ आ रही है। यह चित्र स्मृति पर लम्बा होता जा रहा है। वह सिर उठाकर ऊपर देखती है, चारों ओर लगे पेड़ों पर लाल सुर्ख़ गुलमोहर दहक रहे हैं।

फिर उसे ऐसा लगा कि कहीं मस्तिष्क में कुछ अप्राकृतिक घट गया है। समय ने घुटने समेट लिये और चुपचाप भारी मन में वह अन्दर आ बैठा, उसने आगे चलना, बढ़ना बन्द कर दिया है।

तीन महीने तक समय रोज़ आगे बढ़ा है। आज के सत्य को आने वाले कल की सम्भावनाओं ने दिलासा देकर बहकाया है, इसलिए उन्होंने कल के लिए ही सब कुछ रख छोड़ा था सजा–सँवारकर। पर अब वह कल नहीं आयेगा। उसके बाद भी और कोई दिन नहीं आयेगा।

यही क्षण है जो लम्बा पड़कर सारा जीवन बन गया है और इसका सत्य और सहारा पेड़ों पर लौटते पक्षी हैं और लाल दहकते फूल हैं। और फिर सब कुछ जो घट चुका है जैसे उनके मन से मिट गया है। मात्र एक चित्र है जो स्मृति–पटल पर खुद गया है, और इसी एक क्षण से चित्र ने जैसे सारी काल–यात्रा को अपने में समेट लिया है। पेड़ों पर लौटते पक्षी और लाल दहकते फूल...

मरा हुआ पक्षी

उसके कान बहुत बड़े–बड़े हैं। कानों का निचला भाग गर्दन को छू जाता है, ऊपरवाले भाग में कई सारे सफ़ेद हो रहे लम्बे बाल उगे हुए हैं जो नीचे की ओर लटकते रहते हैं और जिन्हें वे काटते नहीं। कानों का निचला भाग सीधा तथा चपटा है और ऊपरवाला हिस्सा अन्दर की ओर मुड़ा हुआ। यदि उन्हें एक बार देख लिया जाये तो चेहरा चाहे भूल जाये, लेकिन उसके कान सदा याद रहते हैं। किसी गुफा के प्रवेश–द्वार की तरह रहस्यपूर्ण और अन्धकार के आरम्भ। उनके कानों की लम्बाई लगभग छह इंच तो अवश्य होगी।

यह केस जो उनकी अदालत में चल रहा है, इसकी चर्चा समाचारपत्रों में भी ख़ूब हो रही है। बात ही कुछ ऐसी है। अपराधी की आयु दस वर्ष से कम है और उस पर आरोप हत्या का है। बच्चे ने दिन–दहाड़े हत्या कर दी। आँखों–देखे गवाह हैं। केस में कहीं भी, किसी प्रकार की भी कमी नहीं। बस, उन्हें तो सब कुछ सुनने के बाद निर्णय ही लेना है, और वह उनके लिए कुछ भी कठिन नहीं।

आजकल वे रात को चारपाई पर लेटते हैं तो उन्हें नींद नहीं आती। वह बालक उनकी शक्ति को इतने दिनों से कैसे नकार रहा है। उनका सामना कर रहा है, इतना अभेद्य कौन सा कवच उसने पहन रखा है जिसे वे तोड़ नहीं पा रहे हैं।

पत्नी पास ही पलंग पर लेटी हुई है। जब इनका मन शान्त नहीं होता तो उसके साथ जुड़वाँ पलंग पर नहीं सोते। सोयी हुई पत्नी के चेहरे पर वही चिर–परिचित सदाबहार मुस्कान है, जो उनको अच्छी नहीं लगती। मौसम अच्छा है तो मुस्कान, खिड़की खुल जाये तो मुस्कान, वे देर से आयें या जल्दी आयें तो मुस्कान। अकारण। सब कुछ अकारण। और उन्हें यह अच्छा नहीं लगता। उनके जीवन का, कामकाज का निर्देश

तो समय–यन्त्र करता है। अतः कुछ भी अकारण हो तो बुरा लगना स्वाभाविक है।

क्या उनकी शक्तियाँ नष्ट होती जा रही हैं? उन्होंने आँखें बन्द कर लीं। अपनी परीक्षा लेना आवश्यक लगा। कुछ क्षणों के बाद उनका सारा ध्यान पत्नी पर केन्द्रित हो गया। ध्यान आरम्भ करने से पूर्व ही उन्होंने मन में इच्छा कर ली थी कि सोयी हुई पत्नी उठ बैठे और उन्हें पानी पिलाये।

वे महसूस कर सकते हैं कि उनके कान खड़े हो रहे हैं तथा पीछे की ओर तने जा रहे हैं, किसी शिकारी कुत्ते के कानों की तरह जो अपने आखेट का पीछा कर रहा हो। कानों पर उगे लम्बे–लम्बे जो थोड़े–से बाल हैं। वे रेडियो के एरियल की तरह काँप रहे हैं। वे सो रही पत्नी के मन की तरंगों को प्राप्त कर रहे तथा अपनी इच्छाओं को उसकी आत्मा में भेज रहे हैं। धीरे–धीरे उनका ध्यान अपने शरीर से, पत्नी के शरीर से बिल्कुल हट गया। अब वे शरीर विहीन हो गये हैं। कानों पर उगे बालों के एरियल और ज़ोर–से हिल रहे हैं। अब उनके मन–केन्द्र से प्रेषित हो रही इच्छा–तरंगों को पत्नी का शरीर ग्रहण कर रहा है। उनका कायाहीन शरीर अपनी चारपाई से उठा और पत्नी के बिस्तर के पास जा ठहरा। उनकी आत्मा के सम्प्रेषण–केन्द्र से उठ रही माँग को अब पत्नी की आत्मा ने प्राप्त कर लिया है।

वह एक झटके–से उठ बैठती है। पास छोटे–से स्टूल पर रखी सुराही से पानी का गिलास भरती है और उसकी चारपाई के पास आ ठहरती है। पर वे तो आँखें बन्द किये सो रहे हैं। यह क्योंकर सम्भव हो सकता है? अभी थोड़ी देर पहले तो इन्होंने पानी माँगा था। वह उनका कन्धा छूकर पानी पीने को कहती है। वे कहते हैं कि उन्होंने पानी नहीं माँगा। वे नहीं चाहते कि पत्नी को पता चल जाये कि वे अपनी विद्या का प्रयोग उस पर करते रहते हैं। वह चारपाई के पास ही पानी रख देती है और फिर जाकर सो रहती है।

इस प्रयोग के बाद वे निश्चिन्त हो जाते हैं। वे अब भी योग तथा ध्यान की इन रहस्यपूर्ण क्रियाओं द्वारा किसी की आत्मा में प्रवेश पा सकते हैं। इतने वर्षों की कठोर साधना। इस विषय पर इतनी अधिक देशी–विदेशी पुस्तकों का अध्ययन, योगी गुरुओं की तलाश में बनारस तथा हिमालय की तराई में स्थित विभिन्न आश्रमों में भटककर। तभी तो वे इस क्षेत्र में कुछ शक्तियाँ प्राप्त कर सके हैं। इसी के बल

पर तो वे सदा ठीक निर्णय करते हैं। तभी तो जब ज्ञानप्रकाश मेहता की अदालत में जब भी कोई केस लगता है तो विपक्ष के वकील बड़े बेदिल होकर केस की पैरवी करते हैं। वे जैसे भी क़ानूनी दाँव–पेंच चलायें, जज मेहता को बहकाने के लिए जो फन्दे डालें, उनको सत्य का पता जाने किस विधि से सदैव चल जाता है। और कोई भी अपराधी, चाहे उसके विरुद्ध सुबूत कितने भी कमज़ोर हों, उनसे बच नहीं सकता।

जब पहले दिन उस बालक अपराधी को उनकी अदालत में लाया गया तो उन–जैसा सुलझी तथा शान्त प्रकृति का आदमी भी चौंक गया। इतनी छोटी आयु में कोई किसी का ख़ून क्यों कर सकता है? घटना बिल्कुल छोटी और सीधी–सादी थी। बच्चे का पिता युद्ध में मारा गया था। थोड़ी–सी पेंशन पर माँ–बेटे का निर्वाह चल रहा था। वैसे भी गाँव में लस्सी–पानी का ख़र्चा नहीं आता है। फिर गाँव का सरपंच भी यदा–कदा इस परिवार की सहायता करता रहता था। बच्चा किसी बात पर उससे नाराज़ हो गया और गाँव की आम बोलचाल की भाषा में एक दिन सरपंच को उसने गाली दे दी। इस बात पर सरपंच ने उसे थप्पड़ मारा। और कुछ दिनों के बाद जब शाम को सरपंच अपने खेतों से लौट रहा था, तो बच्चा गली के मोड़ पर एक बर्छा लिये उसकी प्रतीक्षा कर रहा था। भूखे बैल आधे भागते हुए–से अपने घर की ओर आ रहे थे। सरपंच उनके पीछे भागता आ रहा था। बैल मुड़े, सरपंच ने भी गली का मोड़ काटा। वह उस बालक को देख न पाया। बालक ने बर्छा उसके पेट के आगे कर दिया। उस भाग रहे व्यक्ति की अपनी ही गति की शक्ति उसकी मृत्यु का कारण बन गयी। फिर बालक अपनी आयु के हिसाब से काफ़ी तगड़ा था। इससे पूर्व कि डॉक्टरी सहायता पहुँच पाती, उस आदमी की मृत्यु हो गयी। बस, इतना ही केस था। मौक़े के कई गवाह थे। सबने एक–जैसे बयान दिये, पर उनकी दृष्टि तो पारदर्शी है। वे कैसे मानें कि केस मात्र इतना ही है, जितना सामने आ रहा है। प्रेम, घृणा, हिंसा, प्रतिहिंसा, बैर, विरोध आदि इन आदिम भावों का रोपण तथा प्रस्फुटन एक बालक के मन में क्योंकर हो सकता है? इस इलाक़े में हत्या आदि की घटनायें प्रायः होती रहती हैं। ये लोग अदालत में गाँव का झगड़ा आने ही नहीं देना चाहते। और यदि केस चल भी पड़े तो पंचायत में पहले से ही फ़ैसला कर दिया जाता है कि अदालत में क्या बयान दिये जायेंगे।

फिर यह केस ऐसा है कि सरकारी वकील तथा पुलिस आदि भी इसे लम्बा नहीं खींचना चाहते। सब चाहते हैं कि जो निर्णय होना है, जल्दी हो जाये ताकि उस बालक की निरीह दृष्टि का सामना रोज़–रोज़ न करना पड़े। बच्चे की माँ भी रोज़–रोज़ अदालत में आती है। लम्बी–तड़ंगी सदा सिर झुकाये बैठी रहती है। उसके प्रति अपने आप ही मन में दया जाग जाती है। पहले पति को युद्ध में खो चुकी है और अब बेटा भी।

वह आरम्भ में समझ बैठे थे कि बहुत जल्दी ही उनको सत्य का पता चल जायेगा। ज्यों ही कटघरे में कोई अपराधी आ ठहरता है तो उसी क्षण से वे अपना जज का जीवन छोड़कर उस अपराधी का जीवन जीना आरम्भ कर देते हैं। अपराधी कभी भी उनकी ओर आँख भरकर देखने का साहस नहीं कर पाता। शायद उसको भी महसूस होता हो कि कोई जासूस उसके शरीर तथा मन में प्रवेश कर गया है। पुलिस की रिपोर्ट के माध्यम से वे उस अपराधी द्वारा किये गये अपराध को एक–एक पग करके जीते हैं। उस समय वे वकीलों की बहस नहीं सुन रहे होते, अपितु एक हत्यारे, डाकू, बलात्कार करने वाले अथवा चोर का जीवन जी रहे होते हैं। इतने सारे लोगों की उपस्थिति भी इस मानसिक क्रिया–प्रक्रिया में बाधा नहीं बन पाती। इतने वर्षों की साधना ने उनके शरीर को, उनकी आत्मा के संचालन के वश में इस तरह से कर दिया है कि इस प्रकार की बाधाओं को वे बहुत शीघ्र लाँघ जाते हैं।

जब वे किसी की आत्मा में प्रवेश कर रहे होते हैं तो उनके कानों का ऊपरवाला भाग पीछे की ओर कस जाता है। उनके शरीर का कोई अंग हिलता तक नहीं। अपने गंजे सिर को वे बार–बार रूमाल से पोंछते रहते हैं, जिस पर गर्मी अथवा सर्दी किसी भी मौसम में बहुत अधिक पसीना आता है।

उन्हें सत्य जानने की कोई जल्दी नहीं रहती। वकील लोग जिस दिन जितनी घटना पर वाद–विवाद करते हैं, वे मात्र उतने ही भाग को अपने में व्यतीत करते हैं। उनकी मानसिक स्थिति उस अहेरी की–सी होती है जो जानता है, आखेट उसकी मार की परिधि में आ चुका है, लेकिन उसकी उपस्थिति का उसे आभास नहीं। इसलिए जब चाहे उसे मारा जा सकता है, जल्दी करने की कोई ऐसी ज़रूरत नहीं।

पर अब ये सारी क्रियायें असफल होती जा रही हैं। अपनी विद्या पर से उनका विश्वास थोड़ा–सा डाँवाँडोल हो रहा है। कितने दिनों से बालक को अदालत में लाया जा रहा है। कितने दिनों से वे आत्मा में प्रवेश करने की चेष्टा कर रहे हैं, और कितने दिनों से वे इसमें असफल हो रहे हैं। उनमें और उस बालक की आत्मा में कितना कठिन द्वन्द्वयुद्ध चल रहा है। एक ओर उनका वर्षों का अभ्यास है, इस विद्या को प्राप्त करने का इतना लम्बा कठिन इतिहास है और दूसरी ओर उस छोटे–से लड़के की आत्मा है जो भय, घृणा, मोह–माया, बैर–विरोध आदि के भावों से मुक्त है, इसलिए अभेद्य बनी हुई है। वे जानते हैं, इस प्रकार की सांसारिक भावनायें ही आत्मा के कवच का कमज़ोर स्थल होती हैं और इन्हीं कमज़ोर स्थलों को शीघ्र तोड़कर अन्दर जाने के लिए प्रवेश–द्वार बनाया जा सकता है। उस बालक की आत्मा में अभी तक कोई दरार नहीं पड़ी, इसलिए उसे भेदना कठिन हो रहा है। उनके अपने शरीर की सारी क्रियाएँ उस बालक के सामने आते ही निष्क्रिय हो जाती हैं, बीच में ही थम जाती हैं। कान पीछे की ओर नहीं खिंचते, उनके ऊपर उगे हुए बालों के एरियल खड़े नहीं होते और न ही आजकल उनके सिर पर पसीना आता है। एक के बाद एक गवाह आता है, एक ही बयान दुहराता है, चला जाता है। वे जानते हैं, प्रत्येक व्यक्ति झूठ बोल रहा है। उन्हें पता है कि पुलिस इंस्पेक्टर जो इस केस का इंचार्ज है, वो भी उसी जाति का है, इसलिए वह भी किसी कारणवश मामले की तह तक नहीं पहुँचना चाहता है। फिर केस इतना स्पष्ट है कि इसमें कोई तह अथवा पर्त क्योंकर हो सकती है।

बहुत छोटी आयु में ही उन्होंने यह पद प्राप्त कर लिया है। एक समय ऐसा आया था कि प्रतिदिन समाचारपत्रों में उनका नाम आया करता था। केस ही ऐसा था। इस प्रान्त के एक बहुत ही शक्तिशाली मन्त्री के निकटतम सम्बन्धी पर हत्या और डकैती का मुक़दमा उनकी अदालत में चल रहा था। पहले उन्हें बड़े–बड़े लालच दिये गये। वे अडिग रहे तो टेलीफ़ोन पर धमकियाँ दी गयीं। लेकिन वे डरे नहीं, ऐसे अवसर की तो वे कब से प्रतीक्षा कर रहे थे। शाम को उनकी कोठी के आसपास बड़े–बड़े पग्गड़ बाँधे भयानक–से दिखने वाले व्यक्ति घूमते–फिरते नज़र आते थे। धमकी की बातें सुनकर समचारपत्र वालों को पता चला तो ख़ूब

शोर मचा। केन्द्र में से एक मन्त्री ने शायद मुख्यमन्त्री को फ़ोन भी किया। इसके बाद मन्त्री और उसके सम्बन्धी इनकी राह से हट गये थे। सुबूत तथा गवाह पक्के थे, इसलिए उस आदमी को मृत्युदण्ड देने में इन्हें कोई हिचक न हुई। बात इतनी बढ़ गयी थी कि मन्त्री के उन रिश्तेदारों ने ऊँची अदालत में अपील तक न की। अतः कई अन्य लोगों से जूनियर होते हुए भी वे सेशन जज बन गये, क्योंकि उनके चारित्रिक साहस की धाक सब ओर बैठ गयी थी। अनुभव तथा अवसर की आग में से गुज़रकर उनकी न्याय–बुद्धि अब कुन्दन बन गयी थी।

इसलिए आजकल वे इतने परेशान रहते हैं। क्या यह छोटा–सा लड़का उनके सारे–के–सारे योजनाबद्ध भविष्य को बर्बाद कर डालेगा? उनकी आकांक्षा है कि एक दिन सुप्रीम कोर्ट के जज बनें, बड़े–बड़े न्यायविदों में उनकी गणना हो। वे जानते हैं कि बाह्य रूप से यूँ साधारण–से दिखने वाले केस कई बार भविष्य के निर्माण में बहुत बड़ी बाधा बन जाया करते हैं। अच्छा, यह तो एक प्रकार से सिद्ध हो गया है कि बालक ने हत्या की है। फिर वे उसको कितनी सीमा तक कठोर सज़ा दे सकते हैं? कितनी लम्बी सज़ा न्याय की दृष्टि से उचित रहेगी? लड़के की कम आयु उसे सब ओर से सहानुभूति दिला रही है।

आजकल वे शाम को क्लब नहीं जाते, पत्नी अकेली ही कार में वहाँ जाती है। शाम को टेनिस खेलना उसके लिए बहुत आवश्यक है। वह एक बहुत बड़े सैनिक अधिकारी की लड़की है, कान्वेंट में पढ़ी है। बड़े सहज भाव से अंग्रेज़ी में बातचीत करती है और हिन्दी यदि बोले भी, तो वह साहबोंवाली ही होती है। वे स्वयं एक बहुत ही निर्धन परिवार में जन्मे हैं और उस ग़रीबी की स्थिति से आगे बढ़े हैं। पिता मास्टर हैं, लड़का जन्म से ही मेधावी है, वह पिता की मास्टर–दृष्टि पहचान गये। पिता ख़ूब अनुशासनप्रिय हैं। लड़कपन से ही पुत्र की पढ़ाई पर बहुत बल दिया। प्रत्येक परीक्षा में लड़के ने स्कॉलरशिप पाया। खेलकूद अथवा किसी और मनोरंजन की ओर लड़के का ध्यान कभी न गया। कॉलिज में पहुँचते उसके सिर के बाल झड़ने आरम्भ हो चुके थे, परन्तु लड़के के विपरीत स्थितियों से जूझने से फुर्सत ही न थी कि अपने शरीर अथवा रूप–रंग

के बारे में कुछ सोचता। उधार वसूल करने वालों की लम्बी लाइन तथा माँ–बाप का भयाक्रान्त चेहरा सदा उसकी आँखों में बसा रहता। लड़का जानता है देश स्वतन्त्र है, वह किसी प्रतियोगी परीक्षा में सफल हो गया तो पिता की ग़रीबी रास्ते की रुकावट न बनेगी। फिर सारे भारत की प्रतियोगी परीक्षा में वह प्रथम आया। जीवन में सफल होने के सारे द्वार जैसे माया–स्वर्ग से उसके लिए खुल गये। तब से आज तक उसे कभी मुड़कर न देखना पड़ा।

अब चाहे वे इतनी बड़ी पदवी पर हैं, फिर भी कोई हीन भाव है कि उनके मन की पर्तों में छुपा रहता है। वे बड़ी सलीक़े की अंग्रेज़ी बोलते हैं। साहित्य का भी उनका गहरा अध्ययन है, फिर भी जानते हैं कि क्लब में जब आँखें आधी ऊपर उठाकर, थोड़ी–सी वक्र ग्रीवा की मुद्रा धारण करके पत्नी अंग्रेज़ी का छोटा–सा वाक्य भी बोलती है तो सुनने वाले कैसे प्रभावित और आकर्षित हो जाते हैं। उन्हें पता है, बोलते समय वह जान–बूझकर इस प्रकार अंग–संचालन नहीं करती। एक सम्पन्न परिवार में जन्म लेने पर अधिकारपूर्वक जीने की यह भावना अपने आप स्वभाव में आ जाया करती है।

कभी–कभी वे सोचते हैं कि उन्होंने उससे विवाह ही इसलिए किया गया था कि वह बड़ी सलीक़ेदार अंग्रेज़ी बोलती है। पहली ही मुलाक़ात में उसके उच्चारण और बातचीत के साहबी ढंग से वे दब गये थे। अपने उस दीन भाव को नीचा दिखाने के लिए उन्होंने उससे विवाह किया। अब वे सम्पन्न हैं, शायद फिर भी अपने गत जीवन में वे पत्नी के माध्यम से प्रतिकार लेना चाहते हैं। पत्नी यहाँ की रेडक्रॉस सोसायटी की सेक्रेटरी है। कमिश्नर से उसको प्रायः मिलते–जुलते रहना पड़ता है। वह ग़रीबों के प्रति सदा चिन्ता प्रकट करती है और वे जानते हैं कि एक साधारण हिन्दुस्तानी की तरह निर्धनता के प्रति उसके विचार अब भी रोमांटिक हैं। उन्हें इस सत्य का पता है कि पत्नी की इस प्रकार की विचारधारा तथा रहन–सहन ठीक है, क्योंकि उसका पालन–पोषण इस सबके लिए ज़िम्मेदार है। वे बड़ा समझौतापूर्ण जीवन जी रहे हैं और शहर के सफल जोड़ों में उन दोनों की गणना होती है।

आजकल लॉन में कुर्सी डालकर बैठे रहते हैं और सोचते हैं। ध्यान कहीं भी केन्द्रित नहीं हो पाता, इसलिए उनकी अपने प्रति निर्ममता बढ़ती

जा रही है, क्योंकि जीवन के संघर्ष में उन्होंने कभी भी पराजित होना नहीं सीखा। वे जानते हैं, सत्य तक वे आज नहीं तो कल पहुँचकर रहेंगे।

वे बैठे हैं, पत्नी टेनिस का रैकेट लिये बाहर निकलती है। खेल के कपड़ों में उसकी पुष्ट टाँगें तथा सुडौल शरीर बड़ा प्यारा लगता है। पत्नी गर्व से बताया करती है कि शादी के समय उसका वज़न एक सौ दस पौंड था और आज बीस वर्ष बाद भी उतना ही है। वह कई वर्ष से महिला खिलाड़ियों में प्रान्त भर में प्रथम आ रही है। वह और उसके पार्टनर ब्रिगेडियर सिन्हा इस वर्ष अखिल भारतीय टेनिस प्रतियोगिता के मिक्स्ड–डबल्स में फ़ाइनल में पहुँच गये थे। अब दोनों को फ़ाइनल जीतने का पूर्ण विश्वास है। वह जानती है, पति किसी केस में उलझे हों तो शाम को कहीं नहीं आते–जाते। शाम को लॉन में मन की अदालत लगाये बैठे रहते हैं। फिर भी वह उनसे चलने के लिए पूछ ही लेती है। उनके 'न' कहने पर कार में बैठ जाती है, गेट तक पहुँचते–पहुँचते कार को तीसरे गियर में डाल देती है, हालाँकि उनको सदा से गियर बदलने में कठिनाई आती रहती है। पत्नी प्रत्येक काम सहज भाव से करती है और उन्हें प्रयास करना पड़ता है। वे जानते हैं, इसका कारण भिन्न सामाजिक वर्गों में जन्म लेना है। उन्हें दुःख होता है कि पत्नी को इतनी तेज़ कार चलाते देखकर वे सदा भयानक कल्पनाओं का आनन्द उठाते हैं। कोई दुर्घटना हो जाये, वह मर जाये तो वह कितने दुखी होंगे? क्लब में कैसे काला सूट पहनकर जाया करेंगे? समाचारपत्र में छपने के लिए मृत्यु–सूचना के लिए उन्होंने वाक्यों तक का चुनाव कर रखा है। और वे इस प्रकार के विचारों पर सदा लज्जित होते हैं। पत्नी इतनी पापुलर है तो क्या हुआ? आख़िर इससे उनका अपना मान ही तो बढ़ता है।

फिर आजकल उस बच्चे और उसकी माँ का चेहरा सदा उनके आगे घूमता रहता है। माँ के चेहरे पर सदा डर बैठा रहता है। बच्चा है–कभी माँ की ओर देखता तक नहीं। शायद उसका छोटा–सा मन भी इस बात को जानता है कि माँ की ओर देखने से निर्बलता आ जायेगी। माँ प्रतिदिन अदालत लगने से पहले बाहर आ बैठती है। बच्चे के लिए घर से खाना बना लाती है। वह बड़ी जल्दी–जल्दी सिर झुकाये रोटी खाता है और बड़े सधे क़दमों से अन्दर आ जाया करता है।

कितने दिन बीत गये हैं। कितनी बार उन्होंने बच्चे के मन पर आक्रमण किया है, परन्तु अभी तक वे उसकी आत्मा के दुर्ग को भेद नहीं पाये।

आज जब वे कोर्ट गये तो पता चला कि बच्चा अचानक रात को बहुत ज़ोर से बीमार पड़ गया, सिविल हस्पताल में दाख़िल है। डॉक्टरों ने निमोनिया बताया है। हालत गम्भीर है। उनका मन किसी काम में न लगा, दिन को खाना भी कम खाया। कोर्ट से जल्दी लौट आये हैं और कब से गुमसुम बैठे हैं। उनके अन्दर वास करने वाली माया–शक्तियों ने उन्हें बता दिया कि वह बच्चा जीवित न रह सकेगा, इतनी बड़ी घटना को उसका मन सह न पायेगा। हत्या करके तो बड़े–बड़े अपराधी अन्दर से खण्ड–खण्ड हो जाते हैं, फाँसी मिलने से पूर्व ही वे कितनी बार मर चुके होते हैं, फिर यह कोमल मन...

उन्हें शर्म आ जाती है कि इस समय भी वे उस बच्चे के जीवन के लिए चिन्तित नहीं, अपितु वे सोच रहे हैं कि बालक मर गया तो वे सत्य का उद्घाटन न कर पायेंगे। अचानक उन्होंने हस्पताल जाने का निर्णय कर लिया।

बच्चे के कमरे के बाहर बन्दूक़धारी सिपाही बैठा है। इन्हें यहाँ देखकर हक्का–बक्का रह जाता है। ये उसके सलाम के जवाब में सिर हिलाते हैं और कमरे में प्रवेश कर जाते हैं।

लड़का आँखें बन्द करके लेटा हुआ है। थोड़े समय में ही वह बहुत कमज़ोर हो गया है। माँ पास बैठी है। उसकी पीठ दरवाज़े की ओर है, इसलिए इनको देख नहीं पा रही है। लड़के को हो सकता है, उनके आने का आभास हो गया हो। वह आँखें खोलता है, माँ उसके माथे पर हाथ रख देती है।

माँ ने जैसे ही उसके माथे पर हाथ रखा, लड़के को कुछ हो गया; उसका चेहरा, एकदम विकृत हो जाता है, उसकी छोटी–छोटी आँखें जैसे तनकर फटने को आ रही हैं, नथुने फड़क रहे हैं और शरीर की शिरा–शिरा यूँ अकड़ गयी है जैसे अभी सब कुछ टूट जायेगा। उसकी आँखों की पुतलियाँ बड़ी बेचैनी से दायें–बायें भटक रही हैं और उनमें

विष–भरा सागर ठाठें मार रहा है। लड़का माथे पर से माँ का हाथ परे झटक देता है।

माँ का गोरा रंग स्याह हो गया है। अपने ही लड़के के सामने उसने सिर झुका लिया है। आँखें उठाकर उसको देख नहीं पा रही, दुलारना–पुचकारना तो दूर की बात है। कमरे में लम्बे तार से लटक रहे उस नंगे बल्ब के प्रकाश में वह चारपाई के पास घुटने टेककर बैठी कोई प्रेतकाया लग रही है। उसके कन्धे नीचे झुक आये हैं और निचले होंठ को वह दाँतों से काट लेती है।

उन दोनों चेहरों की भाव–भंगिमा उनके मन के डार्करूम में उतर गयी है। वे जान गये हैं कि इन चेहरों की इस क्षण–खण्ड की ये मुद्राएँ अब आजीवन उनके मन की वासिनी बन गयी हैं। वे दबे पाँव उस कमरे से बाहर आ गये। अब लड़के अथवा उसकी माँ से बातचीत करने की कोई आवश्यकता नहीं क्योंकि सत्य क्या हो सकता है, इसका आभास तो उस क्षण विकृत हो गये माँ–बेटे के चेहरों से हो गया है। यह वही सत्य है जिसको जानने के लिए वे इतने दिनों से लड़के की आत्मा से द्वन्द्वरत थे। कितना निकट था, कितना अवश्यंभावी था, फिर भी जाने क्यों इतने दिनों तक वे इसका उद्घाटन न कर पाये थे। क्या पता, उनकी आत्मा इसे जानना ही न चाह रही हो?

सिविल सर्जन को उनके यहाँ आने की ख़बर मिल गयी है। वह इनके पास आ जाता है। इनको बताता है कि लड़के को डबल निमोनिया हो गया है। उसके बच सकने की आशा कम है। शायद ही आज की रात काट सके। वे उसे बताने की आवश्यकता नहीं समझते कि वे पहले से ही जानते हैं कि लड़के की आज मृत्यु हो जायेगी।

घर जाते हैं। बाहर लॉन में पड़ी कुर्सी पर बैठ जाते हैं। जानते हैं, पत्नी आज बहुत देर से वापस आयेगी। क्लब में कोई विशेष समारोह है। नौकर आकर उनको एक पत्र देता है, शाम चार बजे की डाक से आया है।

पत्र उनकी बेटी सुनीता का है। शिमला से आया है। वहाँ के एक कान्वेंट के होस्टल में रहती है। इस वर्ष सीनियर कैम्ब्रिज की परीक्षा देगी। पत्र बिना पढ़े ही उनकी आँखें भर आयीं। चश्मे के शीशे धुँधला गये। वे इसे उतारकर साफ़ करते हैं। शायद इतने दिनों के मानसिक तनाव ने उनको शिथिला दिया है।

वह ख़त खोलते हैं। यह देखकर ख़ुश होते हैं कि पत्र हिन्दी में लिखा है। सुनीता की माँ देख ले तो कितना बुरा माने। इतना ख़र्चा करके अंग्रेज़ी स्कूल में पढ़ा रहे हैं और वह फिर भी हिन्दी में ख़त लिखती है। उसने लिखा है कि वह इस वर्ष की छुट्टियों में घर नहीं आना चाहती। क्लासों की लड़कियाँ दक्षिण भारत की यात्रा पर जा रही हैं। मदर सुपीरियर भी साथ जायेंगी। सुनीता इस यात्रा पर जाना चाहती है।

वे ख़त नीचे रख देते हैं। उन्हें थोड़ा–सा गुस्सा आ जाता है। सुनीता जानती है, वे सारा वर्ष उसकी छुट्टियों में घर आने की प्रतीक्षा करते रहते हैं और वह है कि इतनी लम्बी यात्रा पर निकल जाना चाहती है। पापा से मिलने की बात लिखी तक नहीं। पिछले वर्ष भी यहाँ पर उनके पास शायद दस दिन भी न बिताये। बाक़ी सारे दिन अपने दादा–दादी के पास जा रही थी।

पिछला वर्ष!

उनका शरीर किसी स्प्रिंग की तरह कसता क्यों जा रहा है? कान अपने आप पीछे की ओर खिंचते जा रहे हैं? ऊपर लगे हुए बालों के एरियल खड़े क्यों हो गये हैं? वे तो इस समय किसी आत्मा में प्रवेश करने की चेष्टा नहीं कर रहे हैं। फिर! फिर अप्रत्याशित–सा यह सब कुछ क्या हो रहा है?

सारे बाग़ में एक विस्फोटक तथा कोलाहलपूर्ण शान्ति छायी हुई है। वे सिर उठाकर देखते हैं, मकान की सारी खिड़कियाँ खुली हैं, शायद कमरों को सुखाने के लिए नौकर ने इन्हें खुला छोड़ दिया है। हवा बिल्कुल बन्द है जैसे इस वापस लौटती हुई धूप में लॉन में कहीं लेटी सुस्ता रही है। चलना भूल गयी है। एक बड़ी–सी बिल्ली बड़ी जासूसी चाल से खिड़की के नीचे पहुँच जाती है। सिर को थोड़ा–सा ऊपर उठाकर खिड़की और ज़मीन के फ़ासले को नज़र से तौलती है और फिर एक छोटी–सी छलाँग लगाकर अन्दर चली जाती है। खिड़की तक पहुँचने से पहले उसका शरीर क्षणांश के लिए वायुमण्डल में स्थिर हो जाता है और यह चित्रांश उनकी आँखों में बस जाता है।

उन्होंने बड़ी जल्दी–जल्दी अपने मन की खिड़कियाँ, दरवाज़े, रोशनदान सब कुछ बन्द कर दिये। नहीं, वे किसी सत्य को नहीं जानना चाहते।

आकाश में कोई मुर्दा–मांस–भक्षी परिन्दा हवा की झील में बिना पंख हिलाये तैर रहा है। उसकी गर्दन नीचे की ओर झुकी हुई है, शायद किसी मृत–पशु की देह–गन्ध प्राप्त करने के लिए इतने धीमे–धीमे हवा की झील में बह रहा है।

इस सन्नाटे में उन्हें भय लग रहा है। टेलीफ़ोन का तार तक नहीं हिल रहा है। लगता है जैसे किसी डायनामाइट से वह शान्ति अभी खण्ड–खण्ड भंग हो जायेगी। इस शान्ति के माध्यम से उन्हें पता चल जाता है कि उनके कान पीछे क्यों खिंच गये हैं? बाल क्यों खड़े हो गये हैं? क्योंकि आज वे अपनी ही आत्मा में प्रवेश कर रहे हैं। वे रूमाल से सिर पर आया पसीना पोंछते हैं।

उन्होंने बड़ी चेष्टा की कि उन मायाविनी शक्तियों को रोक दें, थाम लें, जिन्होंने आज उनके मन–दुर्ग पर धावा बोल दिया है। लेकिन वे असहाय हो गये हैं। उनकी अपनी ही साधी हुई विद्या आज विद्रोहिणी हो गयी है। इस दुर्ग को नष्ट–भ्रष्ट करके रहेगी क्या? जिन अस्त्रों का प्रयोग वे आज तक दूसरों की आत्मा की प्राचीरें ढाने में करते रहे हैं, क्या आज वही अस्त्र उनके मन में बन आये उस दुर्ग पर चौमुखा आक्रमण करने को तत्पर हो गये हैं?

उनका शरीर ढीला पड़ रहा है, किसी ज़ंग खाये स्प्रिंग की तरह वे शक्तिहीन–से हो गये हैं। उनके अन्दर जो दुर्ग है, उसका एक–एक दरवाज़ा, खिड़की, बड़ा लौह–कपाट भी, जिसे बड़े यत्न से उन्होंने पिछले वर्ष से बन्द कर रखा था जैसे किसी जादुई स्पर्श से धड़ाके के साथ खुलता जा रहा है। दुर्ग की प्रत्येक बुर्जी पर जो चाण्डालिनियाँ उन्होंने रक्षा करने के लिए नियुक्त कर रखी थीं, आज उन सबने उसी दुर्ग पर आक्रमण बोल दिया है। हाँ, अनजाने में अपनी साधी हुई विद्या का प्रयोग आज वे अपने विरुद्ध ही कर बैठे हैं।

कान अब भी पीछे की ओर तने हैं, बाल अब भी खड़े हैं। सिर पर अब भी पसीना आ रहा है और वे बड़ी द्रुतगति से गर्दन ताने पेट ज़मीन से लगाये आखेट के पीछे भागे जा रहे हैं। वह आखेट, जो सत्य है। गले में पड़ी गति को थामने वाली डोरियों की गाँठ आज आत्मा के स्वामी ने स्वयं ही खोल दी है। आज आखेट की हत्या होकर ही रहेगी।

उनकी बेटी सुनीता इतनी सुन्दर है कि देखते ही मन उदास हो जाता है। बोलती कितना कम और धीमे–धीमे है। बहुत–सी बातों के उत्तर तो वह अपनी आँखों को भिन्न–भिन्न मुद्राओं में उठाकर, हिलाकर दे देती है। वे चाहते थे कि बेटी उनके पास रहकर ही पढ़े, परन्तु माँ का कहना था कि चूँकि उनका तबादला प्रायः एक स्थान से दूसरे स्थान पर होता रहता है, इसलिए बेटी की पढ़ाई में बहुत हर्ज होगा। बात उसकी ठीक थी, इसलिए सुनीता को शिमला के एक कान्वेंट में दाख़िल करा दिया गया। हर साल सर्दियों की छुट्टियों में घर आती है। वे भी अपनी छुट्टियाँ इन्हीं दिनों ही लेते हैं। उसको साथ ले जाकर पिक्चरें दिखाना–सुनीता प्रायः हिन्दी की फ़िल्में वहाँ आकर देखती है, क्योंकि वहाँ कान्वेंट में उन्हें हिन्दी फ़िल्में कम ही देखने दी जाती हैं। किताबों की दुकानों पर उन्हें घण्टों उसके साथ खड़े रहना होता है क्योंकि बुक–हंटिंग उसकी हॉबी है। होटलों में कॉफ़ी पी जाती है क्योंकि प्रायः सब लोग उनको जानते हैं, एक विशेष सम्मानजनक दूरी रखकर उनसे बातचीत करते हैं और यह सब देखकर बेटी को ख़ूब गर्व होता है। वे सारा वर्ष उसके आने की प्रतीक्षा करते रहते हैं ताकि कुछ दिनों के लिए तो मोनाटनी भंग हो। और वह है कि इस वर्ष घर आना ही नहीं चाहती।

पिछले वर्ष भी तो यहाँ कितने दिन रही थी। कुछ दिन। बाक़ी सारी छुट्टियाँ दादा–दादी के पास उस छोटे–से शहर में व्यतीत की थीं।

यह पिछला वर्ष इतना महत्त्वपूर्ण क्यों है? उनकी सुनीता से इस हत्यारे लड़के की बातों का क्या सम्बन्ध कि बार–बार दोनों की बातें आपस में गड्डमड्ड हो जाती हैं? क्या इस सन्दर्भहीन स्थितियों, अकारण उठ रहे प्रकरणों, इन सबका केन्द्र बिन्दु पिछला वर्ष है?

वह आयी थी। माँ टेनिस खेलती है तो बेटी को बैडमिंटन अच्छा लगता है। वे सोचते हैं कि हर कोई अपनी प्रवृत्तियों के अनुसार ही खेल का चुनाव करता है। वह गुड़िया जैसे अंगोंवाली लड़की यही हल्का–सा खेल खेल सकती है। उन्होंने कोठी के सामने वाले लॉन में उसके खेलने के लिए छोटा–सा कोर्ट बनवा रखा है। माँ तो प्रतिदिन दोपहर के बाद क्लब, टेनिस खेलने चली जाती है। टूर्नामेंट शुरू होने वाले हैं, इसलिए आजकल तो वह सुबह भी अभ्यास के लिए वहाँ जाती है। जीत का नशा होता ही है। पहले दिन वे मात्र दस मिनट बेटी के साथ स्वयं खेले और

उन्हें पता चल गया कि हत्या–डकैती के मुक़दमों का निर्णय देना आसान है, उस पंखोवाली चिड़िया के आगे–पीछे रैकेट लेकर भागना कहीं अधिक कठिन है। फिर ध्यान आया कि उनके मित्र डॉक्टर वर्मा का लड़का भी तो बैडमिंटन खेलता है। इसी वर्ष ही तो स्थानीय कॉलेज का सबसे अच्छा बैडमिंटन खिलाड़ी बना था। उन्होंने ही तो पुरस्कार बाँटे थे। तभी तो याद आया। डॉक्टर वर्मा से फ़ोन पर बात करते हैं। वे बताते हैं, ठीक है। लड़का खेलने के लिए उनके यहाँ आ जाया करेगा।

सुनीता का सवेरे–शाम का समय अब अच्छा कटने लग गया है। वे स्वयं भी ख़ुश हैं कि चलो, अब दिन भर मोटी–मोटी किताबों में तो बेटी न उलझी रहेगी।

विनय जब सुबह खेलने आता है, तो वे लॉन में कुर्सी डालकर अख़बार पढ़ते रहते हैं और उन दोनों को खेलते देखते रहते हैं। वे जानते हैं, विनय को सुनीता जैसी नई खिलाड़ी से खेलने में कोई मज़ा नहीं आता, परन्तु अपने पप्पा के कारण वह यहाँ आ जाता है। ऊँचे गलेवाली सफ़ेद जर्सी में वह बहुत लम्बा दिखायी देती है। उसका शरीर इकहरा है, परन्तु अंग–प्रत्यंग किसी जंगली पशु की तरह कसा–कसा है। उसके बाल बहुत लम्बे हैं। शॉट मारता है तो बार–बार बाल पीछे हटाता है। और वे मन–ही–मन ख़ूब हँसते हैं। क्या आजकल के सारे लड़के–लड़कियाँ हिप्पी होते जा रहे हैं? सुनीता जब भी उस चिड़िया को विनय के कोर्ट में वापस फेंकने में सफल हो जाती है तो दोनों ज़ोर की किलकारी मारते हैं। उनका शोर सुनकर लॉन में बिछी धूप में आराम कर रही चिड़ियाँ थोड़ा–सा ऊपर उड़ जाती हैं, और चक्कर काटकर फिर से वहीं आ बैठती हैं। और आश्चर्यचकित दृष्टि से बैडमिंटन की उस चिड़िया को देखती रहती हैं। वे तीनों कितने प्रसन्न हैं! खेलने के बाद विनय नाश्ता उनके साथ ही करता है। वे उन दोनों के साथ एक काउब्वॉय फ़िल्म भी देख आये हैं। हालाँकि क्लब की जान–पहचान के सैनिक अधिकारी उन्हें ऐसी स्टंट फ़िल्म पर देखकर एक बार तो ख़ूब हैरान हुए थे।

वे तीन दिन कैसे आवेश और उत्साह से भरे–भरे थे! वे सोचकर हँसते हैं। कहीं 'आनन्द' जिसका वर्णन पुराने ग्रन्थों में है, ऐसी स्थिति को ही तो नहीं कहते? सुख नाम की कोई आकारहीन काया यह तीन दिन रोज़ उनके पास आकर चुपचाप बैठ जाया करती थी। सब कुछ कितना अच्छा लग रहा है!

भेजने को न मानेगी। वह कहाँ चाहेगी कि कान्वेंट में पढ़ रही बेटी को उन पूरे साधारण हिन्दुस्तानी दादा–दादी के उस दो कमरोंवाले घर भेजेगी, जहाँ किसी प्रकार की कोई प्राइवेसी नहीं। वे सुनीता से कहते हैं कि क्या उसने माँ से पूछ लिया है?

जब सुनीता बताती है, उसने माँ से बात कर ली है, वह मान गयी है, तो पल–भर के लिए उन्हें आश्चर्य होता है और फिर बहुत प्रसन्नता होती है। चलो, पत्नी में कुछ परिवर्तन तो आया। उसने यह सोचा तो सही कि दादा–दादी का भी सुनीता पर कुछ अधिकार है।

वे उससे कहते हैं कि दो–तीन दिन में तैयारियाँ कर ले, वे स्वयं उसे वहाँ छोड़ आयेंगे।

सुनीता कठोर आवाज़ में बताती है कि वह आज ही जाना चाहती है। वहाँ अकेली चली जायेगी, कोई इतनी दूर तो जाना नहीं। वे जानते हैं, यह कमज़ोर–सी दिखने वाली उन बिटिया निश्चय की बहुत पक्की है। वे उसे डाँटकर रोकना नहीं चाहते। वे तो यह सोच भी नहीं सकते कि कभी उस मित्र–सी पुत्री से ऊँचा भी बोलना पड़ेगा। फिर सोचते हैं कि अब उसको जाना ही है तो फिर दो दिन बाद क्या और आज क्या? वे कहते हैं, ठीक है। रेल से जाने की ज़रूरत नहीं। ड्राइवर कार पर ही छोड़ आयेगा। वे शहर के पोस्ट ऑफ़िस में ट्रंककाल कर देंगे। उसके दादा का घर पास ही है। पोस्ट–मास्टर सुनीता के आने की ख़बर कर देगा।

उन्हें लगता है, सुनीता अब भी ख़ुश नहीं। जब वे कार से नीचे उतरते हैं तो छोटा–सा 'थैंक्स पापा' कर देती है। एक बार उनका जी करता है, खींचकर उसको एक चाँटा मारें। उनसे कितना निर्वैयक्तिक व्यवहार कर रही है, जबकि वे उसकी बात मान गये हैं। फिर वे सोचते हैं कि आजकल के बच्चों को जाने क्या होता जा रहा है?

वे कार से उतरते हैं, अदालत के कमरे की ओर चल पड़ते हैं। कार के रिवर्स गियर में डालने की आवाज़ की प्रतीक्षा करते हैं, क्योंकि जहाँ सुनीता गाड़ी रोकती है, उससे थोड़ा आगे पीपल का एक भीमकाय पेड़ है, इसलिए इतने कम स्थान में मोड़ काटना कठिन है। गाड़ी को पहले पीछे लाना आवश्यक है। फिर किसी अनजान भय से उसका सारा शरीर सनसना जाता है। एकदम पीछे मुड़कर

देखते हैं। सुनीता कार को बिना रिवर्स किये आगे जा रही है। यह वे जान जाते हैं। रोकने का समय कहाँ है? वह गाड़ी को बहुत अधिक स्पीड देती है, धूल का गुबार उठता है। स्पष्ट लग रहा है, कार का पिछला भाग पेड़ से टकराया कि टकराया। और फिर गाड़ी पेड़ से छूती हुई वह मोड़ काट लेती है। बाहर बैठे लोग अपने स्थानों पर खड़े हो जाते हैं। सुनीता की कार आँखों से ओझल हो जाती है। धूल धीरे–धीरे बैठ जाती है। वे रूमाल से मुँह साफ़ करते हैं और उन निर्जीव–सी टाँगों पर चलकर अन्दर पहुँच जाते हैं।

आज कामकाज में मन नहीं लग रहा। भाग्य से जो केस चल रहा है, उसका गवाह नहीं आया। वे अगले दिन पर पेशी डाल देते हैं। घर फ़ोन करते हैं कि थोड़ी देर में वहाँ पहुँचेंगे। सुनीता उनकी प्रतीक्षा करे, वे स्वयं उसे सी–ऑफ़ करेंगे।

वहाँ के पुराने वकील से जो उनका मित्र है, दो सौ रुपये लेते हैं। माँ सुनीता को पैसे देगी, परन्तु वे उससे अलग सुनीता को ये रुपये देना चाहते हैं। जानते हैं, बेटी शाहख़र्च है, पुस्तकें ख़रीदने का उसे क्रेज़ है। वहाँ दादा के लिए इतना पैसा ख़र्च करना कठिन हो जायेगा।

वे सरकारी जीप पर घर आते हैं। सुनीता कार के पास खड़ी उनकी प्रतीक्षा कर रही है, माँ भी पास ही ठहरी है। ड्राइवर अपनी सीट पर बैठा चलने की प्रतीक्षा कर रहा है। वे पत्नी से पानी लाने को कहते हैं। जब वह अन्दर जाती है तो झट–से बेटी के हाथ में रुपये थमा देते हैं। वह बड़ी चुस्ती से उन्हें पर्स में डाल लेती है। पिता–पुत्री के बीच ऐसे कई छोटे–छोटे रहस्य हैं, जिनका पत्नी को पता तक नहीं। एक क्षण के लिए सुनीता के चेहरे पर वही पुरानी षड्यन्त्रपूर्ण मुस्कान आ जाती है।

जैसे ही सुनीता कार में बैठने लगी है, माँ उसके कन्धे पर हाथ रख देती है, कुछ कहना चाहती है।

सारा दृश्य एकदम तन जाता है। सुनीता का सुन्दर चेहरा बिगड़ जाता है। वह अपने निचले होंठ को दाँतों से दबा लेती है। उसके नथुने फड़क रहे हैं। उसने अब भी बड़ा–सा चश्मा पहन रखा है, इसलिए उसकी आँखों के भाव वे देख नहीं पाये। वह झटके–से माँ का हाथ परे कर देती है जैसे उसके हाथ द्वारा उसके शरीर में बिजली का घातक करेंट का संचार हो रहा है।

पत्नी का चेहरा एकदम बूढ़ा हो जाता है। उसकी बड़ी–बड़ी आँखें जो सदा अवहेलना से तनी रहती हैं, बेटी के सम्मुख झुक गयी हैं। बजाय इसके कि वह बेटी को डाँटे, किसी हारे हुए जंगली पशु की तरह जो घायल हो गया है, वह पीछे हट जाती है। उसके कन्धे बहुत नीचे ढलक आये हैं। सुनीता को लेकर कार पोर्च में से सरक जाती है।

माँ–बेटी के चेहरे के ये भाव जैसे एक चाकू से उनके मन के डार्करूम में खुद जाते हैं। वह कोर्ट वापस लौटते हुए सोचते हैं कि माँ–बेटी में शायद इस बार कुछ ज़्यादा झगड़ा हो गया है। बेटी ने दादा–दादी के पास जाने की ज़िद की होगी, माँ ने रोका होगा, डाँटा होगा। सुनीता ज़िद पर उतर आये तो भला किसी की सुनती है? तभी दोनों में इतना मनमुटाव हो गया है। अब सोच रहे हैं तो उनको पता चल रहा है कि सत्य का उस दिन भी उनको अवश्य पता रहा होगा, परन्तु इससे इस प्रकार बचकर निकल गये थे जैसे सत्य कोई सोया हुआ साँप हो, जो थोड़ी–सी आहट हुई तो जाग पड़ेगा और घातक आक्रमण कर देगा।

फिर कुछ दिनों के बाद सुनीता से मिलने वहाँ गये थे। पत्नी से चलने को पूछा तो वह टाल गयी। इस बात की उन्हें पहले ही आशा थी। वहाँ जब शाम को वे पहुँचे तो बूढ़े माता–पिता उनको ऐसे अचानक आया देखकर बहुत प्रसन्न हुए। उन्होंने आसपास निगाह घुमायी, सुनीता कहीं नहीं दिख रही थी। फिर उनकी आवाज़ सुनकर वह रसोई से भागती हुई आयी। उसके हाथ गीले आटे में सने हुए हैं तथा आग के पास बैठने से मुँह एकदम लाल हो रहा है। तो उनकी बेटी रसोई में बैठी खाना बना रही है। उन्हें बहुत बुरा लगा।

परन्तु सुनीता ने उन्हें बड़े उत्साहपूर्ण ढंग से बताया कि दादी उसे खाना बनाना सिखा रही है और अब दोनों समय वही रसोई का काम करती है। उन्हें लगा, यहाँ आकर बेटी इन थोड़े–से दिनों में बहुत बड़ी हो गयी है। उनकी वह छोटी–सी दोस्त सुनीता कहीं खो गयी, जिसके साथ वह लड़कों की तरह, अपनी आयु और पद भूलकर दुकानों तथा होटलों में घूमते रहते थे।

उनके वहाँ आने की ख़बर सुनकर पड़ोसी कितनी रात गये तक उनसे मिलने आते रहे। सुनीता बैठक के एक कोने में चुपचाप बैठी है। सब लोग उसके पिता का कितना आदर करते हैं, यह देखकर उसे बहुत अच्छा लगा है।

सुबह आँख खुली तो सुनीता ही चाय लेकर आयी। अभी सात भी न बजे थे। देखा, बेटी ने एक हल्की–सी साड़ी पहन रखी है। बाल गीले हैं तथा माथे पर लाल रंग का बड़ा–सा टीका लगा है। तो दादी उसे भी अपने साथ इतने सवेरे मन्दिर ले गयी है तथा नहला भी लायी हैं। बेटी का चेहरा कितना शान्त है! यह शान्ति सुख नहीं देती, भय की भावना उत्पन्न करती है; जैसे छोटे वय की भिक्षुणी अथवा नन को देखकर मन में दया, मोह तथा भय की भावना एकदम पैदा हो जाती है। बेटी की आँखों में अभी बैठी ठण्डी आग को वे स्पष्ट देख रहे हैं। चाय का प्याला उनके हाथ में काँपता है। वे इसे चारपाई के नीचे रख देते हैं। खींचकर सुनीता को अपनी छाती से लगा लेते हैं, उसे रज़ाई ओढ़ा देते हैं। यह उनकी कान्वेंट में पढ़ रही लड़की को क्या हो गया है? किशोरावस्था में ही यह देवदासियों की तरह अपने शरीर पर अत्याचार क्यों कर रही है? उनके किस पाप का प्रायश्चित्त बेटी कर रही है? बाइबिल में भी तो कहा गया है कि माँ–बाप के पापों का परिणाम सन्तान को भुगतना पड़ता है।

उसके गाल एकदम ठण्डे यख़ हो रहे हैं। उसके हाथों को वे बाँहों के नीचे दबाकर गर्म कर रहे हैं। वे उसे बताते हैं कि आज ही, अपने साथ ही वे बेटी को वापस ले जायेंगे। सुनीता एक झटके–से अपना सिर उनके सीने से हटा लेती है। उनको बताती है कि नहीं, वह सारी छुट्टियाँ यहीं पर गुज़ारेगी। उसे काम करने में बहुत आनन्द आ रहा है, कोई कष्ट नहीं है।

वहाँ से लौटने से पूर्व वे अपनी माँ से कहते हैं कि सुनीता को इतने सवेरे स्नान के लिए साथ न ले जाये, कहीं वह बीमार न पड़ जाये। माँ सदा से सीधी स्पष्ट बात करती है, इसलिए कटुभाषिणी लगती है। कुछ अतिरिक्त क्रोध से बेटे को बताती है कि बच्चों की देखभाल का तरीक़ा उसे आता है। बेटे के बताने की आवश्यकता नहीं। लड़की यहाँ आयी थी तो पूरा एक दिन कुछ न खाया था। जाने तुम दोनों मिलकर इस पर

क्या–क्या ज़ुल्म करते हो? यहाँ तो कामकाज में व्यस्त रहती है, इसलिए ख़ुश है। जब तक चाहेगी, यहीं उनके पास रहेगी।

वे सदा से माँ से डरते आये हैं। वह अनपढ़ माँ जाने किस इन्द्रिय के माध्यम से हमेशा सत्य को पकड़ लेती है और निर्ममता से उघाड़कर रख देती है, कोई लाग–लपेट नहीं करती। शायद उसके युग के लोगों की यही अपनी विशेषता है।

बेटी उन्हें छोड़ने स्टेशन पर आयी है। गाड़ी आने में अभी थोड़ी देर है। वह अपने को बहुत बूढ़ा महसूस कर रहे हैं। लगता है, वह अपनी बिटिया को विवाह के समय–सा जीवन भर के लिए खो बैठे हैं। उन्हें लग रहा है, उनकी बेटी को तो बहुत समय पूर्व ही उनसे छीन लिया गया है।

गाड़ी धड़धड़ाती हुई स्टेशन में प्रवेश करती है। वे डिब्बे में चढ़ने से पूर्व बेटी के दोनों हाथ अपने हाथों में लेते हैं, फिर उसके चेहरे पर उड़ आये बालों को पीछे करते हैं। सुनीता ने अब भी वे बड़ी–बड़ी ऐनकें पहन रखी हैं, जिनके शीशे का निचला भाग गालों से चिपका हुआ है। उन्हें लगता है, आँसू की एक नन्ही–सी लकीर शीशे को फोड़कर बाहर आने का यत्न कर रही है। चाहते हैं, उसका चश्मा उतार दें : देखें, कितने ज़ोर से रो रही है! आसपास खड़ी सवारियाँ उन बिछुड़ते पिता–पुत्री को बड़ी सहानुभूतिपूर्ण दृष्टि से देख रही हैं। बाप बेटी की पीठ पर हाथ फेरते हैं और डिब्बे में चढ़ जाते हैं।

सुनीता ने बाक़ी छुट्टियाँ वहीं गुज़ारीं। उन्हें कई बार पत्नी पर गुस्सा आया। बेटी हठ करके दादा–दादी के पास चली गयी है, तो कौन सा क़हर हो गया? आख़िर है तो बच्ची ही न! एक बार भी उसे वापस आने के लिए नहीं लिखा। इतना भी क्रोध किस काम का, लेकिन वे चुप रहे। उससे कुछ न कहा। बहुत समय पहले ही निर्णय कर लिया था कि पत्नी की जिस बात का उनसे सीधा सम्बन्ध न होगा, उसमें वे कभी दख़ल न देंगे।

सुनीता छुट्टियाँ समाप्त होने से सिर्फ़ एक दिन पहले यहाँ आयी थी। उन्होंने देखा कि बेटी के कटे हुए बाल कुछ बढ़ गये हैं। दादी के कहने पर उसने एक चोटी कर रखी है। हाथ की बनी हुई चौड़े बॉर्डरवाली साड़ी

उसने पहनी है। कामकाज करने के कारण उसके चेहरे तथा शरीर में एक कठोर सुन्दरता आ गयी है। उस रात बेटी उनके पासवाली चारपाई पर सोयी। माँ ने जो छोटे–छोटे प्रश्न किये, उनका वह संक्षिप्त, सधा हुआ उत्तर देती रही। उन्हें अच्छा लगा कि बेटी में आत्मविश्वास बढ़ गया है। सारी रात बड़े ज़ोरों की वर्षा होती रही। बार–बार उठकर उन्होंने बेटी पर कम्बल ठीक किया। बारिश सुबह भी जारी है, पर बेटी को आज स्कूल पहुँचना है। सिर से पैर तक उसने पारदर्शक बरसाती पहन रखी है। वर्षा बहुत वेगवान है। उस क़हर की बारिश में वे अपनी बेटी को विदा करते हैं। बारिश से उसका चेहरा भीग गया है। हमेशा की तरह वह जाते समय रो रही है या नहीं, इसका पता लगाना कठिन हो रहा है...

और आज उसका पत्र आया है कि इस वर्ष की छुट्टियों में वह घर आना ही नहीं चाहती।

फिर उनके मानसपटल पर से एक–एक करके सारे छोटे–छोटे दृश्य मिटते जा रहे हैं। मन के डार्करूम में उतरा उस बालक का चेहरा स्पष्ट–से–स्पष्टतम होता जा रहा है। उसके चेहरे की कसी–तनी माँसपेशियाँ, फड़कते हुए नथुने और आँखों में बल खा रहे घृणा के अपार साँप। फिर धीरे–धीरे यह चेहरा फ़ेड–आउट होता जा रहा है और वह एक दूसरा रूप धारण कर रहा है। अब यह चेहरा उनकी बेटी सुनीता का हो गया है, जिसकी आँखों की जमी हुई आग कितनी भयावह है, कितने ज़ोरों से चमक रही है। कैसे झटके–से उसने माँ का हाथ परे कर दिया था।

आत्मा के सातवें दरवाज़े पर खड़ी वह प्रेतात्मा, जिसे उन्होंने सिद्ध कर रखा है, ज़ोर–ज़ोर से हाथ हिलाकर उन्हें बुला रही है। आओ! खोल डालो इस दरवाज़े को। इसके अन्दर जो जंगल है, सत्य वहीं पर छुपा बैठा है। वह जानते हैं, सातवाँ दरवाज़ा खोलना तो निषिद्ध है। खोल डाला तो सत्य किसी मृत शरीर की तरह आजीवन उनके कन्धों पर सवार हो जायेगा। वे फिर, जो सत्य है, उससे बचकर निकल गये हैं।

ध्यान टूटता है, जैसे किसी ने पत्थर मारकर काँच तोड़ दिया हो, इसी प्रकार टेलीफ़ोन की ट्रीं–ट्रीं ने वातावरण में छायी ख़ामोशी के सीने में आवाज़ों का चाकू घोंप दिया।

वे उठ ठहरते हैं। इस प्रकार से अचानक चौंकने के कारण उन्हें लगा जैसे छाती के पास से अन्दर का कोई भाग नीचे की ओर धँस गया है, और वे डूब रहे हैं। वे क्षणभर के लिए सन्न रह गये। कहीं दिल का दौरा...एक बार पहले भी बहुत हल्का...

फ़ोन उठाते हैं। अस्पताल से सिविल सर्जन बोल रहा है। बताता है, उस लड़के की अभी–अभी मृत्यु हो गयी है। वे फ़ोन नीचे रखने लगते हैं। फिर आभास होता है जैसे डॉक्टर अभी कुछ और कहना चाहता है। उसके पूछे बिना डॉक्टर बताता है कि बच्चे की बीमारी की ख़बर सुनकर कुछ लोग अस्पताल आ गये थे। उनके चपरासी ने उनमें हो रही बातचीत को सुन लिया था।

वे लोग तो पहले से ही सरपंच की हत्या करने का निर्णय कर चुके थे, लेकिन उस लड़के ने उनको बताये बिना उसे मार डाला। हाँ, मुखिया के उस लड़के की माँ से नाजायज़ सम्बन्ध थे। एक बार वह स्कूल से जल्दी लौट आया तो मुखिया उसकी माँ के पास लेटा हुआ था। अवसर पाते ही लड़के ने उसकी हत्या कर दी।

वे फ़ोन नीचे रख देते हैं। उनके अन्दर कुछ प्रवेश कर रहा है। वह अपने बाह्य और अन्तर को अलग–अलग रखना चाहते हैं। इन दोनों के मिल जाने से जो परिणाम निकलेगा, वह भयंकर होगा। वे बहुत कसकर अपने अन्दर के किवाड़ बन्द कर रहे हैं, परन्तु वह छोटा–सा लड़का जाने किस राक्षसी शक्ति के द्वारा उनको चूर–चूर कर देता है। वे अपने अन्दर सम्पूर्ण प्रवेश कर जाते हैं।

इसी कारण से ही इतने छोटे–से लड़के के मन में अपनी जननी के प्रति इतनी अपार घृणा उत्पन्न हो सकती है।

फिर वे ज़ोरों–से काँप जाते हैं। चेहरे की तनी माँसपेशियाँ, दाँतों से कट रहा निचला होंठ, फड़कते नथुने, इस रूपवाले जिस चेहरे ने उनके अन्दर के दरवाज़े को अभी–अभी तोड़ डाला है, वह उस हत्यारे लड़के का नहीं अपितु उनकी अपनी बेटी सुनीता का है।

राख की तरह हो रहा चेहरे का रंग, पराजित प्रतिहिंसा से सुलग रहे झुक गये नेत्र और ढल गये कन्धे, ये सब उस लड़के की माँ के नहीं अपितु उनकी बेटी सुनीता की माँ के हैं। उनकी पत्नी से इन सब मुद्राओं का सम्बन्ध स्थापित हो गया है।

आत्मा के दरवाज़े पर खड़ी उस प्रेतात्मा ने स्वयं यह दरवाज़े खोल दिया और परे हट गयी। कटे हुए दृश्य एक–एक करके बड़ी शीघ्रता से किसी मशीनी खिलौने के अंगों की तरह अपने अपने स्थान पर फ़िट होते जा रहे हैं और मन के डार्करूम में बन्द चित्र अन्धाधुन्ध डेवलेप हो रहे हैं।

उस दरवाज़े के भीतर जो जंगल है, उसे वे देखना नहीं चाहते, क्योंकि सत्य किसी ख़ूँख़ार जानवर की तरह घात लगाये वहीं छुपा बैठा है। वे तेज़ी–से भागते हैं। आत्मा में उग आये इस जंगल को वे नहीं देखेंगे, वे थोड़ा–सा सिर घुमाकर पीछे देखते हैं। अब प्राण बचना कठिन है। जंगल स्वयं उनके पीछे भागा आ रहा है। उसमें उगे देवदार के बड़े–बड़े पेड़, कँटीली झाड़ियाँ, सारे–के–सारे पक्षी, अन्धकार का सम्पूर्ण राज्य उनके पीछे भागा आ रहा है। वे जान गये हैं कि सत्य जो एक हिंसक पशु है इस अँधेरे में, इन कँटीली झाड़ियों में छिपा बैठा भागते जंगल के साथ–साथ उनके पीछे आ रहा है। छलाँग लगाने में अपने–अपने अंग–प्रत्यंग को कस लिया है। जंगल से वे हार गये हैं। अपने सारे पेड़ों सहित जंगल उनकी पीठ के पास पहुँच गया है। अँधेरे में छिपा बैठा वह पशु छलाँग लगाता है तथा अपने तेज़ नाख़ूनवाले पंजे उनके कन्धों में गड़ा देता है और उनके भागते शरीर के साथ लटक जाता है।

वह असहाय होकर संघर्ष करना बन्द कर देते हैं। सत्य का पहला छोटा–सा रूप डेवलेप होकर सामने आता है।

वे और सुनीता बाहर लॉन में बैठे हैं। विनय सवेरे–सवेरे बैडमिंटन खेलने के लिए पहुँचता है। आंटी को बुलाने अन्दर जाता है।

वे अचानक आँख उठाकर मकान की ओर देखते हैं। भ्रम होता है। खिड़की के काँच से दो शरीर आपस में लिपटे–से लग रहे हैं। फिर वे अपनी कमज़ोर आँखों को दोष देकर उस दृश्य को उसी क्षण बीच में ही काट डालते हैं।

दोनों बाहर आते हैं। विनय की सफ़ेद जर्सी पर गले के पास जो छोटा–सा लाल दाग़ था, वह आज डेवलेप होकर कितना बड़ा हो गया है। उसके रंग की शेड पत्नी के होंठों पर लगी लिपस्टिक से मिल रही है।

खेलते समय किसी वनपशु की तरह विनय का तना हुआ इकहरा शरीर और नंगी तलवारों की तरह कौंधती हुई पत्नी की सुडौल टाँगें। फिर ये चित्र फ़ेड होने लगते हैं।

सुनीता ने अवश्य इससे भी भयानक कोई दृश्य देखा होगा, नहीं तो एक मासूम बच्चे की तरह सुन्दर तथा कोमल उनकी बेटी का चेहरा उस क्षण विकृत तथा कुरूप क्योंकर हो सकता है, जब उसकी माँ ने उसे छुआ था...

धीरे–धीरे सारी शक्तियाँ तथा सिद्धियाँ उनकी आत्मा से बाहर निकलती जा रही हैं। उन्हें लग रहा है, उनकी आत्मा में छोटे–छोटे असंख्य घाव हो गये हैं, जिनमें से रक्त टपक रहा है। उन्हें अब पता चला है कि इन शक्तियों को प्राप्त करने के लिए वे साधना क्यों करते रहे हैं। वे दूसरों की आत्मा में जासूसों की तरह छुपकर प्रवेश करते रहे, सत्य तलाशते रहे, उन्हें दण्डित करते रहे क्योंकि वे अपनी आत्मा में नहीं झाँकना चाहते थे। सत्य जो पि. छले एक वर्ष से नहीं अपितु विवाहित जीवन के कई वर्षों से उनके अन्दर बैठा हुआ था, उसे न देखना चाहते थे, अस्वीकारना चाहते थे।

जितने भी हत्यारों को उन्होंने प्राणदण्ड दिया है, इस समय वे सब मिलकर उनकी खण्डित आत्मा में आ बैठे हैं। उन्होंने सैकड़ों बार इन हत्यारों के माध्यम से अपनी पत्नी की हत्या की है, उसे प्राणदण्ड देने का सुखद काम किया है परन्तु वह इतने अपराध करने के पश्चात् आज जीवित है। हालाँकि घर के अन्दर एक रिवॉल्वर पड़ा है जिसमें सात गोलियाँ आती हैं। मारने के लिए एक–दो गोली काफ़ी है परन्तु वे तो सभ्य हैं, न्यायाधीश हैं, ऐसा अपराध क्योंकर कर सकते हैं।

बाहर बहुत ज़ोर का शोर हो रहा है। वे बरामदे में आते हैं। 'हैमलेट' पढ़ती हुई सुनीता का छोटा–सा दृश्य पल भर के लिए मन में कौंध जाता है।

वे आँख उठाकर ऊपर देखते हैं। पक्षियों के वापस लौटने का समय है। बिजली के तार से छूकर एक कौवा मर गया है तथा तार के साथ ही उसका मृत शरीर उल्टा लटक रहा है। सैकड़ों कौवे बड़ी भयानक तथा कर्कश आवाज़ों के साथ इस मृत शरीर के आसपास छोटे–छोटे गोल दायरों में उड़ रहे हैं। वे दृश्य के साथ बँध जाते हैं।

फिर उस अँधेरा फैला रहे उजाले में उन्हें आभास होता है, स्पष्ट पता चल जाता है कि वह मृत पक्षी कौवा नहीं, स्वयं उनकी आत्मा है, जो मरने के पश्चात् उल्टी लटक गयी है। उसके शरीर के पास कान–फोड़ कर्कश आवाज़ें करते जो उड़ रहे हैं, वे कौवे तो नहीं परन्तु सैकड़ों हज़ारों प्रेतनियाँ, चाण्डालनियाँ, डाकनियाँ तथा प्रेतात्मायें हैं जिन्हें उन्होंने सिद्ध किया था, जो उनकी आतमा के द्वारों पर पहरा देती थीं, उनकी रक्षा करती थीं। आज उसी आत्मा की मृत्यु के अवसर पर बाहर निकल आयी हैं। अपनी लपलपाती रक्त सनी भयानक जिह्वाएँ बाहर निकलकर, हाथों के खप्पर फैलाये, रक्त की पुकार मचाये तथा काले लबादे ओढ़कर इनकी आत्मा का मातम मना रही हैं, स्यापा कर रही हैं। अब उस मरे हुए पक्षी की तरह आजीवन उनकी मृत आत्मा उल्टी लटकी रहेगी और माया इन भयानक रूपों को धारण करके सदा हाहाकार करती रहेगी।

❑❑